Doston Xamidov

YANGI OʻZBEKISTON IQTISODIYOTI MENEJMENTI

Monografiya

© Taemeer Publications LLC
YANGI O'ZBEKISTON IQTISODIYOTI MENEJMENTI
by: Doston Xamidov
Edition: February '2024
Publisher:
Taemeer Publications LLC (Michigan, USA / Hyderabad, India)

ISBN 978-93-5872-961-0

© **Taemeer Publications**

Book	:	YANGI O'ZBEKISTON IQTISODIYOTI MENEJMENTI
Author	:	Doston Xamidov
Publisher	:	Taemeer Publications
Year	:	'2024
Pages	:	146
Title Design	:	*Taemeer Web Design*

Toshkent – 2024

MUNDARIJA

KIRISH..5
I BOB. O'ZBEKISTON IQTISODIYOTI VA UNING YANGI BOSQICHGA KO'TARILISH JARAYONLARI
1.1. O'zbekistonning iqtisodiy rivojlanishi va salohiyati...............11
1.2. O'zbekiston iqtisodiyotida rivojlanish istiqbollari...............19
1.3. Iqtisodiyotni rivojlantirishda inson resurslaridan foydalanish...............27
1.4. Pandemiya davrining O'zbekiston iqtisodiyotiga ta'siri o'zgarishlar davri....32
1.5. O'zbekiston iqtisodiyotining taraqqiy etish bosqichlari...............38
1.6. Tashqi savdo va investitsiyalar...............45
1.7. O'zbekiston milliy iqtisodiyotining tuzilishi...............60
II BOB. O'ZBEKISTONDA IQTISODIYOTNI TARAQQIY ETTIRISHNING «O'ZBEK MODELI»
2.1. Iqtisodiyotda «O'zbek modeli» tamoyillari va shart-sharoitlari................... 72
2.2. O'zbekistonda iqtisodiyotni rivojlantirishda « O'zbek modeli»ning mazmun mohiyati...............78
2.3. Iqtisodiy o'sishda « O'zbek modeli» ning ahamiyati va zarurati...............85
III BOB. MILLIY IQTISODIYOT RIVOJLANISHINING ASOSIY KO'RSATKICHLAR TAMOYILLARI
3.1. Milliy iqtisodiyot rivojida milliy hisoblar tizimi...............87

3.2. Iqtisodiyot prognozida makroiqtisodiy ko'rsatkichlar.................................. 93
3.3. Iqtisodiyotning taraqqiy etishida makroiqtisodiy proporsiyalar ta'siri............98
3.4. Makroiqtisodiy barqarorlik va iqtisodiy o'sish ko'rsatkichlari 102
IV BOB. O'ZBEKISTON IQTISODIYOTINING RIVOJLANISHIDA MINTAQALAR RIVOJLANISH TENDENSIYALARI
4.1. Mintaqa - milliy iqtisodiyotning muhim tarkibiy qismi...................................107
4.2. Iqtisodiy rayonlaming O'zbekiston iqtisodiyotida tutgan o'rni........................110
4.3. O'zbekiston mintaqalarining rivojlanish tendensiyalari......................118
4.4. O'zbekiston ijtimoiy-iqtisodiy rivojlanishining asosiy yo'nalishlar...........121
V BOB. O'ZBEKISTON IQTISODIYOTIGA RAQOBAT VA MONOPOLIYANING TA'SIR ETISH DARAJALARI
5.1. Iqtisodiyotda raqobat va uning mohiyati 127
5.2. Raqobat muhiti va unga ta'sir etuvchi omillar.................................131
5.3. O'zbekistonda raqobat muhitining shakllanish xususiyatlari 134

FOYDALANILGAN ADABIYOTLAR..139

Kirish
Mamlakatimizning iqtisodiyotni rivojlantirishda O'zbek modeli ijtimoiy-iqtisodiy salohiyatini, xalqimiz davlatchiligi tarixini, milliy diniy qadriyatlar va jahon tajribasini hisobga olgan holda ishlab chiqilgani qayd etildi. Iqtisodiyotning siyosatdan ustunligi, davlatning bosh islohotchi ahamiyati, qonun ustuvorligi kuchli ijtimoiy siyosat,bozor iqtisodiyotiga bosqichma-bosqich o'tish mashhur beshta tamoyilga tayangan ushbu model bozor iqtisodiyotiga asoslangan huquqiy demokratik davlat qurish strategiyasi sifatida istiqlol yillarida barcha amaliy ishlarning ishonchli poydevori, taraqqiyotning harakatlantiruvchi kuchiga aylandi. Mamlakatimiz Prezidenti Shavkat Mirziyoyev tomonidan ilgari surilgan O'zbekiston Respublikasini 2017-2021 yillarda beshta ustuvor "Harakatlar strategiyasi"[1] O'zbekiston xalqi farovonligi va davlatimiz iqtisodiy qudratini mustahkamlash yo'lida yangi taraqqiyot bosqichida Respublikamizda amalga oshirilayotgan islohotlarni davom ettirmoqda. Mustaqillikka erishganimizdan to hozirgi kunga qadar yuqoridagi ikkita tamoyilga tayangan holda iqtisodiyotni rivojlantirib, xalq farovonligini ta'minlab kelinmoqda. Jaxondagi innovatsion iqtisodiyotning rivojlanishi bugungi kunlarda sur'atlar bilan namoyon bo'lmoqda. Innovatsion iqtisodiyotning dinamik rivojlanish tendentsiyasi iste'molchilar talabini to'liqroq qondirish va iqtisodiyotning zamonaviy tarmoqlarida mehnat unumdorligini yuqori darajada oshirish imkonini beradi.

Respublikamiz iqtisodiyotini samarali rivojlantirishda uning an'anaviy resurslarga asoslangan modelining muhim muqobil varianti sifatida texnika va texnologiyalar, ilm-fanning oxirigi natijalari hamda yaxlit holda jamiyat hayotini uzluksiz yuksalishini ta'minlash

---

[1] Prezidenti Shavkat Mirziyoyev tomonidan ilgari surilgan O'zbekiston Respublikasini 2017-2021 yillarda beshta ustuvor "Harakatlar strategiyasi"

maqsadida inson kapitalidan samarali foydalanishga yo'naltirilgan innovatsion rivojlanish strategiyasiga o'tish alohida ahamiyat kasb etmoqda. Zamonaviy axborot texnologiyalar innovatsion va integratsion ijtimoiy iqtisodiyotga - egiluvchan, dinamik, samarali, doimiy yangilanib turadigan, yangicha mazmun va ko'rinishga ega bo'lgan innovatsion rivojlanish strategiyasi mos keladi. Sanoat tarmoqlarini, xususan, zamonaviy tarmoqlarni innovatsion va integratsion rivojlantirishga ham tegishlidir. Iqtisodiyotimizning raqobatdoshligini ta'minlanilishi xozirgi kungdagi yurtimizning barqaror rivojlantirishning asosiy dolzarb masalaridan biri. Milliy ijtimoiy va iqtisodiy izchil ravishda isloh qilish maqsadida tarkibiy jihatdan o'zgartirish va diversifikatsiya qilishni chuqurlashtirish, innovatsion va integratsion va yuqori texnologiyalarga asoslangan yangi sanoat korxonalarida ishlab chiqarish tarmoqlarining jadal rivojlanishini ta'minlash, faoliyat ko'rsatayotgan quvvatlarni modernizatsiya qilish va innovatsion integratsion zamonaviy texnik yangilash jarayonlarini tezlashtirish orqaligina ta'minlanishi mumkinligini janoxdagi ko'zga ko'ringan assosiy va yetakchi davlatlar tajribasi ko'rsatib turibdi. Jahon bozorida narxi va sifati bo'yicha raqobatdosh mahsulotlar ishlab chiqarish zarur.[2] Hozirda milliy sanoat mahsulotlari ishlab chiqarishni diversifikatsiyalash va uning zamonaviy tarmoqlarini modernizatsiyalash jarayoni uning sub'ektlari iqtisodiy faoliyatining moddiy-texnika bazasini rivojlanish darajasiga bog'liqdir, chunki korxonalar resurs salohiyatidan samarali foydalanish iqtisodiy o'sishni ta'minlash va barqarorlikka erishishning shart-sharoiti va asosiy omili hisoblanadi. Mamlakat Prezidenti O'zbekiston fuqarolari uchun tabiiy haq-huquq va shuningdek oliy ne'mat bo'lgan mustaqillik to'g'risida so'z yuritar ekan,

---

[2] Abdullayev Yo., Yuldashev Sh. Maliy biznes i predprinimatelstvo. – Tashkent: IQTISOD -MOLIYA, 2018

ya'ni uni jamiyat rivojining asosi, bugungi va uzoq istiqboldagi taraqqiyotimiz sharti, barcha islohotlarimizning mezoni va nihoyat, barcha amal qiladigan bosh tamoyil deb ta'riflanadi. Shunday ekan, u jamiyat a'zolari oldiga muttasil yangi-yangi tartibda jahon andozalariga mos keladigan davlat qurish, siyosiy, ijtimoiy va iqtisodiy tub islohotlarni amalga oshirish, ularni qonun bilan mustahkamlaydigan huquqiy tizimni vujudga keltirish vazifasi turar edi. Chunki sobiq sotsialistik tuzumga xos ijtimoiy munosabatlar va jarayonlar endilikda Respublikada barpo qilinajak yangi jamiyat manfaatlariga mos kelmas edi. Mulkchilik mulkka egalik qilish va uni boshqarish, ishlab chiqarish omillari, bozor mexanizmi ,davlatning ijtimoiy-iqtisodiy hayotini normal izga solish ana shunday jiddiy yangilanishlarni taqozo etar edi. Iqitodiyotni rivojlantirishda ko'plab sohalarga e'tibor qaratildi. Shu jumladan xususiy mulk, tadbirkorlik va kichik biznesni rivojlantirish uchun ham ko'plab islohotlar o'tkazildi. Xususiy mulk, kichik biznes va xususiy tadbirkorlikni ishonchli himoya qilishni ta'minlash, ularni jadal rivojlantirish yo'lidagi to'siqlarni bartaraf etish chora tadbirlari dasturi amalga oshirilishi doirasida 2016-2022 yillar mobaynida qonunchilik va me'yoriy huquqiy baza tashkil etish hamda uni takomillashtirish ishlari davom ettirildi. Xususan qurilishning barcha bosqichlarida tadbirkorlik faoliyati sohasida ruxsat berish tartib tamoillari doirasida yagona qoida talablar belgilandi, bino va inshootlar tashqi ko'rinishini o'zgartirish ,obyektlarni qayta iqtisoslashtirish va rekonstruksiya qilishga, turar joylarni noturar joylar toifasiga o'tkazishga ruhsat berish talablari joriy etildi. Eksport-import operatsialarini amalga oshirishda, tadbirkorli operatsialarini amalga oshirishda tadbirkorlik subyektlari huquqlarini himoya qilish kafolatlari va choralari kuchaytirildi.[3] Tadbirkorlik faoliyatini qo'llab-

---

[3] "Jahon iqtisodiy istiqbollari ma'lumotlar bazasi, 2019 yil aprel".

quvvatlash va kichik korxonalar tashkil etish maqsadida 2019-yil mobaynida kichik biznes subyektlariga 15.9 trillion so'mlik kreditlar ajratildi va o'sish 2016 -yilga nisbatan 1.3 barobarni tashkil etdi. Jumladan qiymati 3.3 trillion so'mlik mikrokreditlar ajratildi, xalqaro moliya institutlarining 915 206.7 million dollar miqdordagi kredit linyalari o'zlashtirildi. Qulay ishbilarmonlik muhitini shakillantirish, kichik biznes va xususiy tadbirkorlikni har tomonlama qo'llab-quvvatlash hamda yanada rag'batlantirish borasida amalga oshirilayotgan chora tadbirlar 2019-yil mobaynida qariyb 32 ming yangi kichik biznes sub'yekti tashkil etish imkonini berdi. Ma'lumki O'zbekiston Respublikasi qaytadan tiklanuvchi manbalardan energiya ishlan chiqarish yuqori texnika salohiyatiga ega bo'lib uning 97 foizi quyosh energiyasining ulushiga to'g'ri keladi. O'zbekiston Respublikasining prezidentining 2019-yil 22-avgustdagi "Iqtisodiyot tarmoqlari va ijtimoiy sohaning energiya samaradorligini oshirish, energiya tejovchi texnalogiyalarni joriy etish va qayta tiklanuvchi energiya manbalarini rivojlantirishning tezkor chora tadbirlari to'g'risida"gi[4] qarori bilan mavjud salohiyatlardan samarali foydalanish maqsadida 2030-yilgacha qayta tiklanuvchi energiya manbalarining ulushini elektr energiyasini ishlab chiqarish umumiy hajmining 25 foizdan ko'prog'iga yetkazish vazifasi belgilandi. Buning uchun 10 yil mobaynida jami 5000 MVt quvvatdagi elektr stansiyalarini qurish ko'zda tutilgan. Iqtisodiyotning barcha tarmoqlarida suvdan foydalanish samaradorligini sezilarli darajada oshirish, 1 million gektargacha maydonda tomchilab sug'orish texnalogiyasini joriy etish va ularda yetishtiriladigan ekinlar hosildorligini 20-40 foizga oshirish; Yerlarning tanazzulga uchrashi bo'yicha neytral balanisga

---

IMF.org. Xalqaro valyuta fondi. Olingan 29 sentyabr 2019.

[4] "Daromad Gini koeffitsienti". hdr.undp.org. BMTTD. Olingan 10 fevral 2020.

erishish; Asosiy turdagi qishloq xo'jaligi oziq-ovqat mahsulotlari ishlab chiqarishning o'rtacha hosildorligini 20-25 foizgacha oshirishga erishishdir. Shuni ham takidlash lozimki, keyingi yillarda mamlakatimizda oilaviy tadbirkorlikni rivojlantirishga ham alohida etibor qaratilmoqda. Bu oilalarning barqaror daromad manbaini shakillantirish, turmush darajasini yanada yaxshilanib borishida hal qiluvchi ahamiyat kasb etadi.

O'zbekiston Respublikasining "Oilalaviy tadbirkorlik to'g'risida"gi qonuni bu yo'nalishdagi huquqiy asosi bo'lib xizmat qilayotir. "Xalq boy bo'lsa, davlat ham boy va qudratli bo'ladi", degan tamoyilini ro'yobga chiqarishga qaratilgan islohotlar izchil olib borilmoqda. Misol uchun 2012 - yilda olilaviy tadbirkorlik va hunarmandchilikni rivojlantirish uchun, 2012 yilda oilaviy tadbirkorlik va hunarmandchilikni rivojlantirish maqsadlari uchun 91.3 milliard so'm kredit mablag'i ajratilgan bo'lsa, 2016-yilda ushbu raqam 367.2 milliard so'mni tashkil etdi. Bugungi kunda yurtimizda 8 mingdan ortiq oilaviy korxonalar mavjud. Tijorat banklari aholiga bank xizmatlari ko'rsatish bilan birga, ularni tadbirkorlikka jalb qilish ,daromadini oshirish, ish bilan ta'minlashda ham samarali ishlar olib borilmoqda .Jumladan loyihalarda yaratilgan ish o'rinlariga qarab beriladigan kreditning yillik stavka foizi pasayib bordi. Bitta ish o'rni yaratgan tadbirkor uchun 9 foiz, ikkita ish joyi yaratganlik uchun 8 foiz beshta va undan ko'p ish o'rni yaratga tadbirkorning kredit stavkasi 6 foiz qilib belgilandi. Bu loyihalardan maqsad xalqimiz farovonligini oshirish va turmush sharoitini yanada yaxshilashdir. Qay tomonga qaramaylik, kichik biznes va xususiy tadbirkorliknig roli va o'rni tobora mustahkamlanib borayotganiga guvoh bo'lamiz. 2016 - yilda mamlakat 916 yalpi ichki mahsulotining 56.9 foizi ishlab chiqarilayotgan sanoat mahsulotlarining 4.5 foizi kichik biznes va xususiy tadbirkorlik hissasiga to'g'ri keladi.

Shu bilan birga, iqtisodiyotda jami ish bilan band bo'lgan aholining 78.1 foizi shu sohada faoliyat yuritmoqda. 2016-yilda 31.8 mingta kichik biznes sub'yektlari tashkil etildi. Bu 2015- yilning shu davridagidan 18.1 foiz ko'p demakdir Jahon bankining 2017-yil 31-oktabrda e'lon qilingan "Biznesni yuritish 2018: ish o'rinlari yaratish uchun islohatlar" ma'ruzasiga ko'ra, O'zbekiston dunyoning 190 davlati ichida 74-o'rinni turadi egallab, o'tgan yildagi mavqeyini biur yo'la 13 pog'ona yaxshiladi. Qolaversa mamlakatimiz biznes yuritish uchun eng qulay sharoitlar yaratish bo'yicha islohotchi davlatlarning birinchi o'ntaligiga kirishga muvaffaq bo'ldi. Amalga oshirilayotgan islohotlar O'zbekistonning ishbilarmonligini yaxshilash va biznes yuritish sharoitlarini soddalashtirish bo'yicha yevropa va Markaziy Osiyo mintaqasi davlatlari orasida yetakchiga aylanishga imkon berdi. Tadbirkorlik subyektining davlat ro'yxatidan o'tkazish va hisobga qo'yish tizimining tubdan takomillashtirilgani tufayli O'zbekiston korxonani ro'yxztdan o'tkazish ko'rsatkichi bo'yicha 11-o'rinni band etdi. 2017-yilning 9 oyi davomida o'tgan yilning shu davrdagiga nisbatan 1.3 marta ko'p biznes sub'ektlari tashkil etganining o'ziyoq mamlakatimizda biznes ochishning naqadar oson ekanligidan dalolat beradi. Hozirgi kunimiz ertamizni o'ylab, yurtimiz haqida o'ylab qabul qilinayotgan farmonlar, qarorlar va qonunlar hamda olib borilayotgan keng ko'lamli islohotlar zamirida ham O'zbekiston yangi marralarni ko'zlayotgani va mamlakatimiz o'z taraqqiyotida yangi bosqichga qadam qoyganidan darak beradi, bu islohatlar o'z navbatida mamlakat aholisining farovonligi va turmush darajasini yanada ko'tarishga qaratilgandir. Prezidentimiz Shavkat Mirziyoyev O'zbekiston Respublikasi qabul qilinganing 25 yilligiga bag'ishlangan tantanali marosimda ma'ruzasida ta'kidlanganidek,"... tadbirkorlik faoliyatining erkinligi, xususiy mulk daxilsizligini amalda taminlash bundan buyon ham davlat siyosatida ustuvor yo'nalish bo'lib qoldi.... Yana bir bor alohida ta'kidilab o'tmoqchiman :tadbirkor yo'liga to'siq bo'lishni davlat siyosatiga xiyonat, deb qabul qilish kerak" Zero, Prezidentimiz Oliy Majlisga taqdim qilgan murojaatnomada qayd etilgaidek, "..xalqimiz ertaga emas uzoq kelajakda emas, aynan bugun o'z hayotida ijobiy o'zgarishlarni ko'rishni istaydi. Bizning mehnatkash, oqko'ngil, bag'rikeng xalqimiz bunga to'la haqlidir" Vatanimiz rivoji uchun barchamiz masul hisoblanib, uni istiqboli, farovon hayoti uchun iqtisodiyotini rivojlantiramiz.[5]

I BOB.O'ZBEKISTON IQTISODIYOTI VA UNING YANGI BOSQICHGA KO'TARILISH JARAYONLARI

1.1. O'zbekistonning iqtisodiy rivojlanishi va salohiyati

Mustaqillik yillarida O'zbekiston Respublikasi ijtimoiy-iqtisodiy rivojlanishda ulkan muvaffaqiyatlarga erishdi. Hattoki, 2008-2009 yillarda ro'y bergan jahon moliyaviy-iqtisodiy inqirozi sharoilida ham O'zbekiston milliy iqtisodiyotining o'sish sur'atlari bo'yicha dunyo mamlakatlari ichida eng yuqorilaridan biri bo'ldi. 2022-yildan buyon O'zbekiston YIMning yillik o'sish sur'atlari 7,5 foizdan past bo'lmagan darajada qayd etilmoqda. Jahon hamjamiyati ekspertlari tomonidan tan olingan bu ijobiy natijalar zamirida respublikamiz ijtimoiy-iqtisodiy rivojlanishining ulkan salohiyati hamda mamlakatimizda bozor iqtisodiyotiga o'tishning "o'zbek modeli" asosida bosqichma-bosqich ravishda amalga oshirilayotgan aniq maqsadlarga yo'naltirilgan islohotlar yotadi.[6] O'zbekiston Respublikasi Markaziy Osiyo doirasida tranzit imkoniyatlari qulay iqtisodiy-geografik o'ringa ega bo'lib, subregion

---

[5] "Aholining ish bilan bandligi nisbati, 15+, jami (%) (milliy taxmin) - O'zbekiston". data.worldbank.org. Jahon banki. Olingan 10 fevral 2020.

[6] 2019 yil 31 oktyabrdagi "Yagona milliy mehnat tizimi» idoralararo dasturiy-apparat kompleksini joriy qilish chora-tadbirlari to'g'risida"gi[6] PQ-4502-son qarori

davlatlarining o'zaro integratsiyalashuvida juda muhim rol o'ynaydi. Shu bilan birga, respublikamiz ko'p tarmoqli milliy iqtisodiyotning shakllanishi va rivojlanishi uchun ulkan imkoniyatlami yaratadigan tabiiy boyliklariga ega.

Eng avvalo, davlatimizning mineral-resurs salohiyati alohida e'tiborga sazovor. O'zbekiston hududida jami 120 ga yaqin turdagi foydali qazilmalarning 2700 ta konlari topilgan. Jumladan, O'zbekiston jahon mamlakatlari orasida oltin zaxiralari bo'yicha 4-o'rin, uran bo'yieha 7-o'rin, molibden bo'yieha 8-o'rin, mis bo'yieha esa 10-o'rinda turadi. Yoqilg'i-energetika resurslari ichida tabiiy gaz eng katta ahamiyatga ega bo'lib, uning zaxiralari bo'yicha O'zbekiston dunyoda 14-o'rin egallavdi. Noruda qazilma boyliklar bo'yieha kaliy tuzlari va fosforitlar qazishda dunyoda yetakchi o'rinlaridan birida turadi.[7] Turli foydali qazilmalarning yirik konlariga, asosan, Navoiy, Toshkent, Qashqadaryo, Buxoro viloyatlari va Qoraqalpog'iston Respublikasi boy hisoblanadi. Demak, mineral resurslaming ulkan zaxiralari yurtimizda rangli metallurgiya, yoqilg'i, kimyo va qurilish materiallari sanoatini rivojlantirishga keng imkoniyatlar yaratadi.

Mamlakatimiz qishloq xo'jalikni rivojlantirish uchun qulay sharoit yaratuvchi agroiqlim resurslariga ega. Vegetasiya davrning davomiyligi, issiq va quyoshli kunlarning ko'pligi tufayli O'zbekistonda paxtaehilik, bog'dorchilik. uzumchilik, sabzavotchilik, polizchilik kabi yuqori daromadli dehqonchilik tarmoqlari intensiv ravishda rivojlanmoqda. Lekin, qishloq xo'jaligi asosan sun'iy sug'orish yordamida rivojlanayotganligi sababli, respublikamiz qishloq xo'jaligi qat'iy darajada suv resurslariga bog'liq. Tabiiy boyliklarning bu turi bilan Toshkent, Andijon va Surxondaryo va Samarqand viloyatlari

---

[7] Vaxabov A.V., Tadjibayeva D.A., Xajibakiyev Sh.X. «Jahon iqtisodiyoti va xalqaro iqtisodiy munosabatlar». - T.: Baktria-press, 2019. - 548 b

nisbatan yaxshi darajada ta'minlangan. Shuningdek, davlatimiz g'arbida joylashgan, kalta qismini cho'llar egallagan Navoiy, Buxoro, Qoraqalpog'iston Respublikasida bu jihatdan ancha murakkab vaziyat shakllangan. Ammo hududlarimizda suv resurslarning yetishmoviligiga qaramay, O'zbekiston jahon mamlakatlari ichida sug'oriladigan yerlar maydoni bo'yicha 11-o'rinda turadi.

O'zbekiston aholisi va mehnat resurslari ham mamlakatning ijtimoiy-iqtisodiy rivojlanishining poydevori hisoblanadi. Respublikamiz aholisi muntazam ravishda o'sib bormoqda. 1990-yilda 20,2 min kishiga teng bo'lgan respublikamiz aholisi 2017-yilga kelib 32,1 min kishigacha ko'paydi. 2010-yildan keyingi davrda 0'zbekistonda demografik ko'rsatkichlardan tug'ilish har 1000 kishi hisobiga 23-24, o'lim 5-6, tabiiy ko'payish esa, bunga mos ravishda, 18, ya'ni 1,8 foizga teng bo`lmoqda. Lekin migratsiya qoldig'i minimal manfiy darajada (-0,1-0,2 foiz) boMganligi tufayli, aholining yalpi ko'payish suratlari 1,6-1,7 foizga teng. Qisqa tarixiy davr mobaynida O'zbekiston xalqaro savdo-iqtisodiy munosabatlarga kirishish, milliy iqtisodiyot tarkibiy tuzilishini takomillashtirish, sanoatni rivojlantirish, mamlakatning oziq-ovqat, energetika va transport xavfsizligini ta'minlash kabi murakkab vazifalar yechimiga bosqichma-bosqich, muvaffaqqiyatli erishdi. [8]

Respublikamiz YIMning o'zgarish dinamikasida 3 ta davrni ajratish mumkin. Birinchisi, 1991-1996-yillarni o'z ichiga olib, iqtisodiy pasayish bilan tavsiflangan. Bu holat, asosan, sobiq Ittifoq doirasidagi hududiy mehnat taqsimoti tizimi, O'zbekiston iqtisodiyoti tarmoqlari va korxonalarining boshqa respublikalarning xo'jaligi o'rtasidagi kooperatsiya

---

[8] To'xliyev N., Haqberdiyev Q., Ermamatov Sh., Xolmatov N. 0 'zbekiston iqtisodiyoti asoslari. - T.: «0 'zME», 2018. - 280 b.

aloqalarning uzilishi natijasida kelib chiqdi. 1997-2003-yillar oralig'idagi ikkinchi bosqich milliy iqtisodiyotning barqarorlashuvi va YIM o'sishining boshlanishi davri boʻldi. Uchinchi davr 2004-yilda boshlanib, hozirgacha davom etmoqda. Bu yillarda uchun Oʻzbekiston YIMning 8,0 foizdan past boʻlmagan surʼatlar bilan oʻsmoqda.

Shuningdek, milliy iqtisodiyotimiz tarmoq tarkibida ham muhim oʻzgarishlar ro`y berdi. Eng avvalo, sanoatning YIMdagi ulushi ancha oʻsganligi diqqatga sazovordir. 1995-yilda YIMning 17,1 foizi sanoatga toʻgʻri kelgan boʻlsa, 2014-yilda bu ko`rsatkich 26 foizgacha ko'taril-di. Qishloq xo'jaligining milliy iqtisodiyotidagi ulushi. mos ravishda, 28,1 foizdan 17,6 foizgacha pasaydi. Sanoatning tarmoq tarkibi ham sezilarli darajada oʻzgarib ketdi. Respublika sanoatida elektr energetikasi, yoqilg'i, kimyo, rangli metallurgiya, mashinasozlik va boshqa ogʻir sanoati tarmoqlarining o'rni va ahamiyati o`sib, mustaqillikdan oldingi davrda respublika ixlisoslashuvini belgilab turgan yengil sanoatining ulushi esa deyarli 3 barobar kamaydi. 2000-yil boshidan buyon sanoat ishlab chiqarish hajmi Oʻzbekistonda muntazam ravishda oʻsib kelib, qayta ishlash tarmoqlarining oʻsish surʼatlari undiruvchi sanoatga nisbatan bir necha barobar yuqori. Natijada, 2021-yil yakunlari boʻyicha, mamlakatimiz sanoati tarkibida salkam 20 foizlik ulush bilan mashinasozlik mahsulotlari yetakchi o'ringa chiqib oldi. [9]

Soʻnggi yillarida Oʻzbekistonda avtomobilsozlik, mikroelektronika sanoati, kaliy oʻgʻitlari va soda ishlab chiqarish, farmatsevtika, shakar sanoati va boshqa ishlab chiqarish tarmoqlari bunyod etildi. Neft va gaz-kimyo tarmoqlarida juda yirik korxonalar ishga tushirildi. [10] 2010-

---

[9] Vaxabov A.V., Tadjibayeva D.A., Xajibakiyev Sh.X. «Jahon iqtisodiyoti va xalqaro iqtisodiy munosabatlar». - T.: Baktria-press, 2019. - 548 b

[10] 2019 yil 31 oktyabrdagi "Yagona milliy mehnat tizimi» idoralararo

yildan keyingi davrda To'palang GES, Ustyurt gaz-kimyo majmuasi, Xondiza tog`-metallurgiya kombinati, Dehqonobod kaliy zavodi, Xorazm avtomo-bil zavodi, Zafarobod sement zavodi va boshqa muhim ishlab chiqarish obyektlari qurib bitirildi. Hozirgi paytga kelib O'zbekistonda mustahkam sanoat ishlab chiqarish salohiyati yaratildi. Respublikamiz MDH mamlakatlari va jahon miqyosida oltin, uran, tabiiy gaz, kadmiy, molibden, sulfat kislotasi, azot o'g`itlari, gazlamalar, yengil avtomobillar va boshqa mahsulotlarning yetakchi ishlab chiqaruvchilari qatoridan joy egallaydi.[11]

O'zbekiston sanoatining hududiy tarkibida ham o'zgarishlar yuz berdi. Masalan, 1980-yillar oxirida Toshkent shahri va viloyatiga respublika yalpi sanoat mahsulotining 50 foizi to'g'ri kelgan bo'lsa, hozirgi davrda esa bu hududlarga 30 foiz ko'rsatkich to'g'ri kelmoqda. O'z navbatida, qator yangi korxonalar barpo etilganligi hisobiga Andijon, Qashqadaryo, Navoiy, Buxoro, Jizzax viloyatlari va Qoraqalpog'iston Respublikasining mamlakat sanoati tarkibidagi ulushlari sezilarli darajada ortdi. Demak, borgan sari O'zbekiston hududida sanoat markazlarining soni ko'payib bormoqda.

O'zbekiston qishloq xo'jaligida ham katta o'zgarishlar ro'y berdi. Qishloq xo'jaligida amalga oshirilgan dastlabki islohotlaming ustuvor maqsadlari paxta yakkahokimligini tugatish, don mustaqilligiga erishish hamda xususiy fermer va dehqon xo'jaliklarini rivojlantirishdan iborat bo'lgan. Paxta ekin maydonlarining keskin qisqartirilishi hisobiga g'alla maydonlari 1,5 barobar kengaytirildi. Shu tufayli O'zbekistonda bug'doyning yalpi hosili 3,5-4 barobar

---

dasturiy-apparat kompleksini joriy qilish chora-tadbirlari to'g'risida"gi[10] PQ-4502-son qarori

[11] To'xliyev N., Haqberdiyev Q., Ermamatov Sh., Xolmatov N. 0 'zbekiston iqtisodiyoti asoslari. - T.: «0 'zME», 2018. - 280 b.

oshirilib, qisqa vaqt ichida respublikamizda don mustaqilligiga erishildi. Bundan tashqari, mamlakatning oziq-ovqat xavfsizligini ta'minlashda katta ahamiyat kasb etadigan sabzavotchilik, kartoshka yetishtirish, bog'dorchilik, uzumchilik, sut-go'sht chorvachiligi kabi qishloq xo'jalik tarmoqlarini rivojlantirishga katta e'tibor qaratildi. Natijada, mustaqillik yillarida paxta hosili 5,5 min tonnadan 3,4 min tonnagacha kamayib, sabzavot hosili 2,5 barobar, kartoshka 6 barobar, meva 4 barobar, uzum 2,5 barobar oshdi, go'sht va sut ishlab chiqarish hajmi ham 2 barobar o'sdi. [12]

Hozirgi kunda O'zbekiston uzum, poliz ekinlari, ayrim mevalami yetishtirish va eksport qilish bo'yicha jahondagi yetakchi mamlakatlar qatoriga kirdi. Shuningdek, O'zbekiston qishloq xo'jaligida an'anaviy ixtisoslashgan tarmoqlar-paxtachilik, pillachilik, qorako'lehilik ham o'z ahamiyatini yo'qotgan emas. Jumladan, 2019-yil holatiga respublikamiz jahonda paxta yalpi hosili bo'yicha 6-o'rin, eksporti bo'yicha 3-o'rin, ipak ishlab chiqarish bo'yicha 6-o'rin, qorako'l terisini ishlab chiqarish bo'yicha esa 2-o'rinda turadi. Transport tizimi rivojlanishida ham salmoqli natijalarga erishildi. Bulardan eng ahamiyatlisi respublika temiryo'l transporti tizimining bir butunligiga erishilganligidir. O'zbekiston hududi shimolig'arbdan janubi-sharqqa yuzlab kilometr masofaga cho'zilganligi, hamda davlat chegaralarining o'ziga xos shaklda tog' tizmalari va keng yastanib yotgan cho'llar orqali o'tganligini hisobga olsak, bu masala dolzarb strategik ahamiyatga ega ekanligiga amin bo'lamiz. Surxondaryo viloyati hududi Toshg'uzor Boysun Qumqo'rg'on, Xorazm viloyati va Qoraqalpog'iston Respublikasi Uchquduq - Miskin Nukus, Farg'ona vodiysi Angren - Pop temiryo`llari

---

[12] Vaxabov A.V., Tadjibayeva D.A., Xajibakiyev Sh.X. «Jahon iqtisodiyoti va xalqaro iqtisodiy munosabatlar». - T.: Baktria-press, 2019. - 548 b

qurilishi bilan O`zbekistonning yagona temiryo`llar tarmog'i bilan bog'landi. Natijada mamlakatimizning transport xavfsizligi va mustaqilligi ta'minlandi. Hozirgi vaqtda Navoiy va Buxoro viloyatlarini Qoraqalpog'iston Respublikasi bilan nisbatan qisqa masofada bogiab qo'yadigan Konimex-Miskin temiryo'li hamda Urganchdan xalqaro turizm markazi hisoblangan Xiva shahriga tomon temiryo'l qurilmoqda.[13]

Bundan tashqari, O'zbekistonda temiryo'llami elektrlashtirish va tezyurar poyezd yo'nalishlarini barpo etish bo'yicha ham salmoqli ishlar amalga oshirildi. Jumladan, Toshkent-Samarqand yo'nalishi bo'yicha "Afrosiyob", Toshkent Qarshi yo'nalishida "Nasaf", Toshkentdan Buxorogacha "Sharq" tezyurar poyezdlar qatnovi yo`lga qo'yildi. Endi esa Qarshi-Termiz, Qarshi-Kitob va boshqa temiryo'llarini elektrlashtirish ishlari ham boshlangan. Bular poyoniga yetganidan so'ng, respublikamizdagi tezyurar poyezd yo'nalishlarining geografiyasi yanada kengayishi kutilmoqda.

Shuningdek, O'zbekiston Respublikasi dengiz portlariga bir nechta yo'nalishlarda ishonchli chiqish yoMlariga ega bo`lish, Yevrosiyoning turli qismlaridagi regional transport tizimlari bilan bog`lanish orqali iqtisodiy-geografik o'mining tranzit imkoniyatlarini ro'yobga chiqarish maqsadlarida transport sohasida Turkmaniston, Qozog'iston, Rossiya Federatsiyasi, Xiloy, Ozarbayjon, Gruziya, Eron, Ummon kabi davlatlar bilan keng qamrovli o'zaro hamkorlikni yo'lga qo'ymoqda. Mamlakatimiz yordamida qurilgan Afg'oniston hududidagi birinchi Termiz Mozori Sharif temiryo`li O'zbekistondan janubiy yo'nalishda dunyo okeani portlariga tomon eng qisqa transport chiqishini yaratishning dastlabki bosqichi bo`ldi. Afsuski,

---

[13] To'xliyev N., Haqberdiyev Q., Ermamatov Sh., Xolmatov N. 0 'zbekiston iqtisodiyoti asoslari. - T.: «0 'zME», 2018. - 280 b

Afg'onistondagi geosiyosiy vaziyatning beqarorligi bu davlat hududidan Hind okeaniga tomon loyihalashtirilgan transport magistrallari qurilishini noaniq muddatgacha to'xtatib turibdi.[14] Transport tizimida amalga oshirilavotgan keng qamrovli ishlar mamlakatimizning tashqi iqtisodiy aloqalarini yanada rivojlantirish borasidagi harakatlarning ajralmas qismi bo'lmoqda. Dunyoning 140 ga yaqin davlatlari bilan tashqi iqtisodiy aloqalarini yo`lga qo'yayotgan O'zbekiston Respublikasining eng muhim savdo hamkorlari qatoriga Rossiya Federatsiyasi, Xitoy, Qozog'iston, Koreya Respublikasi, Turkiya va Yevropa mamlakatlari kiradi. Transport tizimining rivojlanishi respublikamiz tashqi iqtisodiy faoliyatini yangi geografik yo'na!ishlarda kengaytirishga imkoniyat beradi.

Respublika eksportining tovar tarkibida mustaqillik yillarida juda katta o'zgarishlar ro'y berdi. Mustaqillikka erishgan payti respublikamiz eksportida paxta tolasining ulushi 60 foizga teng bo'lgan. Keyingi yillarda bu raqam muttasil ravishda pasayib, 2021-yilga kelib 5 foizgacha tushib ketdi. O'z navbatida, energiya manbalari (eng avvalo, tabiiy gaz), rangli metallar, oziq-ovqat va to'qimachilik, kimyo sanoati mahsulotlari, avtomobil ishlab chiqarishning mamlakatimiz eksporti tarkibidagi o'rni sezilarli darajada o'sdi.

So'nggi yillarda hududlarning sanoat ishlab chiqarish va eksport salohiyatini oshirish, milliy iqtisodiyotimizga xorijiy sannoyalarni yanada ko'proq hajmda jalb etish maqsadida respublikamiz hukumatining tashabbusi bilan mamlakatimizda qator erkin iqtisodiy zonalar (EIZ) tashkil qilindi. Dastlab "Navoiy", "Angren", "Jizzax" (Sirdaryo viloyatidagi filiali bilan),

---

[14] To'xliyev N. 0 'zbek modeli: taraqqiyot tamoyillari. -T.: « 0 'zbekiston m illiy ensiklopediyasi», 2017

keyinchalik esa Xorazm viloyatida "Hazorasp", Buxoro viloyatida "G'ijduvon" Samarqand viloyatida "Urgut" hamda Farg'ona viloyatida "Qo'qon'" ElZlari yaratildi. Hozirgi kunga kelib bu hududlarda ichki va tashqi sarmoyadorlar ishtirokida yuzlab yangi ishlab chiqarish loyihalari amalga oshirilmoqda.

O`zbekiston ijtimoiy-iqtisodiy rivojlanishi istiqbollari respublikaning har bir tuman va viloyat imkoniyatlaridan umumdavlat va hududiy manfaatlarda oqilona foydalana olishga bog`liq.

1.2. O'zbekiston iqtisodiyotida rivojlanish istiqbollari

O'zbekiston tizimli islohotlarini boshqa mamlakatlardan ko'ra kechroq boshlagan bo'lsa-da, o'tish davri iqtisodiyotiga ega boshqa mamlakatlar tajribasidan muhim saboqlarni olishi mumkin, deb hisoblaydi Jahon banki mutaxassislari. Rivojlanayotgan mamlakatlarga yordam beruvchi yirik xalqaro moliya tashkiloti yaqinda O'zbekiston iqtisodiyotiga bag'ishlangan yangi hisobotini taqdim etdi. Unda o'tgan 2018 yil va joriy 2019 yilning birinchi yarmida mamlakatda yuz bergan makroiqtisodiy, ijtimoiy va tarkibiy o'zgarishlar hamda yaqin 2 yil – 2021 yilgacha bo'lgan istiqbollar keng sharhlanadi.

UzAnalytics mazkur hisobotning O'zbekiston iqtisodiyoti istiqbollari, xavflar va ish o'rinlarini yaratishga bag'ishlangan boblarining muhim jihatlari va asosiy xulosalarini e'tiboringizga havola etadi.

O'zbekistоn iqtisodiyotining o'sish sur'atlari sekin, ammo ijobiy bo'lib qolmoqda. Islohotlar ishlab chiqarishdagi cheklovchi omillarni (to'siqlarni) bartaraf etish va yuqori o'sish potensialiga ega tarmoqlarni liberallashtirishga yordam beradi. Meva-sabzavotchilik, turizm, oziq-ovqat sanoati, to'qimachilik va kimyo sanoati shunday tarmoqlar qatoriga kiradi. Biznesda soliq yukining sezilarli darajada kamaytirilishi zikr etilgan jarayonlarni yanada qoʻllab-quvvatlaydi. 2019–2020 yillarda narx-navoning liberallashuvi va oylik ish haqi oshirilishi sababli inflatsiya yuqori darajada saqlanib qoladi. Biroq 2021 yilga borib u pasayishi kutilmoqda. Jahon banki prognozlariga koʻra, tashqi savdo balansining salbiy saldosi yuqoriligicha qoladi. Sababi, Oʻzbekiston iqtisodiyoti kelgusi bir necha yilda ishlab chiqarishni modernizatsiya qilish uchun koʻplab mashina va uskunalarni import qilishni davom ettiradi.

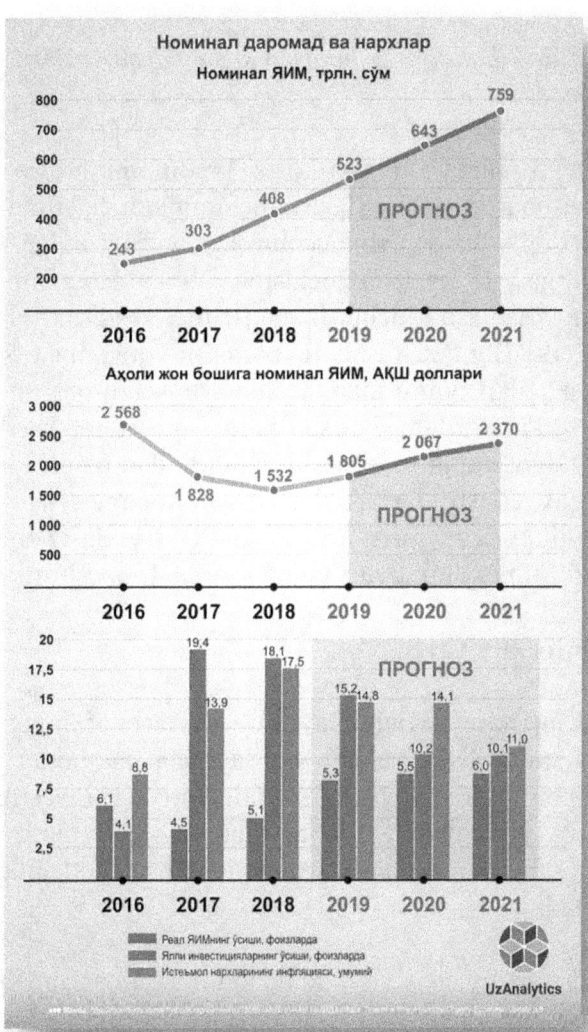

Kreditlarning haddan tashqari o'sishi barqarorlikka tahdid solishi mumkin

Jahon banki jamoasi fikriga ko'ra, kreditlarning davomli va haddan tashqari o'sishi inflatsiya bosimini kuchaytiradi va bu makroiqtisodiy barqarorlik uchun asosiy xavflardan biridir. Ekspertlarga ko'ra, O'zbekiston hukumati moliyaviy intizomni saqlash uchun maqsadli kreditlar hajmini kamaytiradi. Bundan tashqari, barqaror iqtisodiy o'sish va pul o'tkazmalari oqimi mamlakatda asta-sekin qashshoqlikni qisqartirishga yordam berishi ham kutilyapti. Davlatning ijtimoiy siyosatdagi o'zgarishlari kam daromadli oilalarni qo'llab-quvvatlash dasturlarini yanada kengaytirish orqali qashshoqlikni kamaytirishi mumkin. 2019 yilda O'zbekiston hukumati ijtimoiy himoya xarajatlarini 50 foiz oshirdi. [15]

Makroiqtisodiy xavflar

Bank ekspertlari fikricha, ayrim tovarlar narxining jahon bozorida ko'tarilishi va olib borilayotgan islohotlar tufayli O'zbekiston iqtisodiyotiga kiritilayotgan investitsiyalar ko'payishi uchun qulay istiqbollar mavjud, biroq salbiy omillar xavfi ham saqlanib qolmoqda. Ular quyidagilarni o'z ichiga oladi:

· O'zbekistonning asosiy savdo hamkorlari: Rossiya, Xitoy va Qozog'istonda iqtisodiy o'sishning ancha zaifligi;

---

[15] Abdullayev A.M., Kurpayanidi K.I. Sotsialno-ekonomicheskiye aspekti funksionirovaniya subyektov malogo predprinimatelstva v sisteme institutsionalnix preobrazovaniy// Noviy universitet. -2014. -№2. - S.55-60.

· tarkibiy va tizimli islohotlarni amalga oshirishning kechikishi;

· inflatsiyaning oʻsishi.

Mamlakatning yetarli darajadagi valuta zaxiralariga egaligi va davlat tashqi qarzining nisbatan kamligi sabab iqtisodiyotning tashqi barqarorlik xavfi oʻrtacha boʻladi. Islohotlarning keyingi bosqichi davlat korxonalari va moliya sektori, qishloq xoʻjaligi uchun moʻljallanmagan yerlarni

xususiylashtirish va qishloq xo'jaligidagi islohotlar kabi ancha murakkab muammolarni hal qilishga qaratilgan. Ushbu islohotlar iqtisodiy o'zgarishlar, iqtisodiy o'sishni qo'llab-quvvatlash va ish o'rinlarini yaratish uchun muhim ahamiyat ega. Shu bilan birga, ular puxta nazorat qilinishi kerak bo'lgan muhim iqtisodiy va ijtimoiy xavflarni ham qamrab oladi.

Mehnat bozoridagi jiddiy muammolar

O'zbekiston iqtisodiyotida yiliga qariyb 280 mingga yaqin yangi ish o'rni yaratiladi. Demografik sabablarga ko'ra esa har yili deyarli 600 mingta ish o'rni tashkil etilishi kerak. Shu bois, iqtisodiyotda har yili yaratilayotgan ish o'rinlari mehnat bozoriga kirib kelayotgan yangi ishchilarni band qilish uchungina ikki baravar oshirilishi lozim. [16] Aksariyat ish o'rinlari yangi korxonalarni tashkil etish hamda mavjud korxonalarni yanada kengaytirish hisobiga yaratilishi zarur. Hisobot mualliflari O'zbekiston mehnat bozorida quyidagi

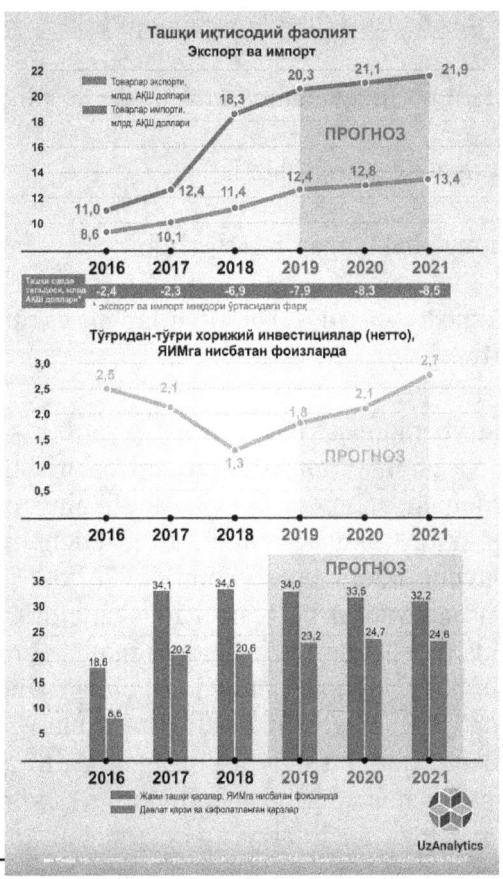

---

[16] Vaxabov A.V., Tadjibayeva D.A., Xajibakiyev Sh.X. «Jahon iqtisodiyoti va xalqaro iqtisodiy munosabatlar». - T.: Baktria-press, 2019. - 548 b

tarkibiy va tizimli kamchiliklar borligini ta'kidlaydi:

· mehnatga bo'lgan rag'batning sustligi;

· xodimlar malakasining yetarli emasligi;

· korxonalarda xodimlarni texnik ko'nikmalarga o'qitish bo'yicha imkoniyatlarning yetishmasligi;

· yoshlar o'rtasida ishsizlik darajasi yuqoriligi;

· iqtisodiy faol bo'lmagan aholi ulushining ko'pligi;

· uzoq davom etayotgan ishsizlik;

· ish kuchining cheklangan safarbarligi.

Iqtisodiy o'sish – yangi ish o'rinlarini yaratish uchun asosiy omil

Yaxshi naf beradigan ish o'rinlari yaratilishi iqtisodiy rivojlanish va aholi turmush darajasini oshirishning muhim shartidir. Mehnat unumdorligi va bandlikning ortishi aholi jon boshiga YaIM singari muhim ko'rsatkichning o'sishiga xizmat qiluvchi ikkita asosiy omildir. Aholi jon boshiga daromadlari eng yuqori bo'lgan mamlakatlarda so'nggi ikki asr davomida mehnat unumdorligi keskin o'sib borayotganini ko'rish mumkin. Mehnat unumdorligining bunday o'sishi "samaraliroq" yoki yuqori maoshli ish o'rinlari yaratilishiga olib keldi. Aholi jon boshiga hisoblangan YaIM aslida butun aholi mehnati samaradorligi (unumdorligi) ko'rsatkichidir. Yuqori va past daromad darajasiga ega mamlakatlarda aholi jon boshiga YaIMdagi farqlar mamlakatlar o'rtasidagi mehnat unumdorligi darajalaridagi farqlarni ifodalaydi.

O'zbekistonda 1996

yildan 2021 yilgacha bo'lgan muddatda aholi jon boshiga YaIMning kumulyativ o'sishi 165 foiz deb qayd etilgan.[17] Ushbu davrda bir xodimga nisbatan mahsulot ishlab chiqarishning umumiy hajmi, taxminan, 150 foiz oshdi. Ushbu davrda aholi jon boshiga YaIMning o'sishi, asosan, mehnat unumdorligi o'sishi va demografik o'zgarishlar tufayli yuz berdi. Ammo ushbu davrda iqtisodiy faol aholiga nisbatan bandlik darajasi, shuningdek, mehnatga layoqatli aholiga nisbatan iqtisodiy faol aholi darajasi pasaydi. O'zbekistonda mehnat unumdorligi o'sishi tarmoqlar o'rtasidagi resurslar almashinuvi hisobiga emas, asosan, tarmoqlar ichida yuz berdi.

1.3. Iqtisodiyotni rivojlantirishda inson resurslaridan foydalanish

1996 yildan 2016 yilgacha qo'llangan «o'zbek modeli» tez o'sib borayotgan iqtisodiy faol aholi uchun yetarli bo'lgan ish o'rinlari yaratib bera olmadi. Ayniqsa, sanoatning ishlab chiqarish tarmoqlarida yangi ish o'rinlarini yaratish jiddiy muammolardan biri edi. Oziq-ovqat sanoati, yengil sanoat va boshqa tarmoqlar shular jumlasidandir. Umumiy bandlikning atigi 13 foizi qazib olish va ishlab chiqarish sanoati ulushiga to'g'ri keladi. 2016 yilda bu ko'rsatkich, boshqa mamlakatlar bilan taqqoslaganda, ancha past edi: Turkmanistonda 45 foiz,

---

[17] 2019 yil 31 oktyabrdagi "Yagona milliy mehnat tizimi» idoralararo dasturiy-apparat kompleksini joriy qilish chora-tadbirlari to'g'risida"gi[17] PQ-4502-son qarori

Belarusda 32 foiz, Ukrainada 25 foiz, Qirg'izistonda 22 foiz va Qozog'istonda 21 foizni tashkil etgan. [18]

Bandlik va mehnat unumdorligining bir paytda o'sishi mukammal uyg'unlikdir

O'zbekistonning qurilish, kimyo va neft-kimyo sanoati, ulgurji va chakana savdo, umumiy ovqatlanish, transport, aloqa va boshqa ko'plab tarmoqlarida bir paytning o'zida bandlik va mehnat unumdorligi o'sishi kuzatildi. Biroq energetika, yoqilg'i va metallurgiya sanoatida yangi ish o'rinlari tashkil etilgan bo'lsa-da, mehnat unumdorligi pasaydi. Qishloq xo'jaligi, mashinasozlik, sanoat qurilish materiallari, yengil va oziq-ovqat sanoati kabi boshqa tarmoqlarda mehnat unumdorligi oshdi, ammo ish o'rinlari qisqardi.

Jismoniy infratuzilmadagi kamchiliklar yo'qotishlarga olib kelmoqda

Jismoniy infratuzilma faoliyatidagi uzilishlar har yili ishlab chiqarishda katta yo'qotishlarga olib kelmoqda. Katta korxonalar bilan taqqoslaganda, kichikroq firmalar elektr energiyasi, gaz va suv ta'minotidagi uzilishlardan, yer maydonlarining yetishmasligidan yoki ishlab chiqarishni kengaytirish yo'lidagi yuqori ijara stavkalaridan ko'proq zarar ko'rmoqda. 2016 yilda jismoniy infratuzilma faoliyatidagi barcha uzilishlardan hosil bo'lgan umumiy yo'qotishlar yirik korxonalarda ishlab chiqarish hajmining 24 foizini, mayda korxonalarda esa 38 foizini tashkil etgan. Hokimiyat idoralari infratuzilma xizmatlari faoliyatini

---

[18] Vaxabov A.V., Tadjibayeva D.A., Xajibakiyev Sh.X. «Jahon iqtisodiyoti va xalqaro iqtisodiy munosabatlar». - T.: Baktria-press, 2019. - 548 b

yaxshilash orqali korxonalarda mehnat unumdorligini va bandlik darajasini oshirishi mumkin.[19]

Firmalarning vaqt va resurslardan samarasiz foydalanishi unumdorlikni oshirishiga to'sqinlik qilmoqda

Korxona rahbarlarining vaqti va moliyaviy resurslari ko'pincha ishlab chiqarish bilan bog'liq bo'lmagan faoliyatga chalg'itadi. Bank ekspertlari fikricha, yirik korxonalar rahbarlarining qariyb 31 foiz, kichik korxona rahbarlarining esa 26 foiz vaqti besamar byurokratik kelishuvlarga isrof bo'ladi. Markaziy va mahalliy hokimiyat idoralari, vazirlik va muassasalar, tarmoq uyushmalari bilan soliqlar, bojxona tartiblari, tekshiruvlar, sanitariya va ekologiya masalalari yuzasidan va boshqa kelishuvlar shular jumlasidandir. Oqibatda ishlab chiqarish unumdorligi, samaradorlik, malaka oshirish, texnologiyalarni joriy etish va ushbu korxonalar rentabelligini oshirishga vaqt kam qoladi.

Bank hisobotida 2021 yilda korxonalarda o'tkazilgan so'rov natijalariga ko'ra quyidagi ma'lumotlar olindi:

• yirik korxonalarning 32 foiz va kichik korxonalarning 30 foiz xodimlari qishloq xo'jaligi ishlari yoki boshqa turdagi jamoatchilik ishlariga jalb etilgan;

• yirik korxonalarning qariyb 23 foizi va kichik korxonalarning esa 11 foizi mahalliy hokimiyat idoralari ulardan "qo'shimcha xarajatlar" uchun beg'araz yordam puli ajratishni so'raganini ma'lum qilgan;

---

[19] Abduraxmanova G. K. Rol malogo biznesa v rinochnoy ekonomike //Nauka i praktika. - 2019. – №3 - S. 77.

• yirik korxonalarning qariyb 13 foizi, kichik korxonalarning esa 7 foizi turli masalalar bo'yicha hokimiyat idoralari birga norasmiy to'lovlarni amalga oshirgan;

• yirik korxonalarda ishlab chiqariladigan jami mahsulot hajmining yarmidan ko'pini erkin bozor sharoitida korxonalarning o'zi emas, markaziy tarmoq vazirliklari yoki uyushmalari taqsimlagan.

Biznes yuritish shartlarini soddalashtirish va bozor munosabatlarini rivojlantirish xususiy sektorni rivojlantirishga yordam beradi

Bozorga kirish va undan chiqish yo'lidagi to'siqlarning bartaraf etilishi, biznes yuritish qoidalarining soddalashtirilishi, davlatning narx belgilashni bosqichma-bosqich bekor qilishi, xususiy mulkka egalik huquqining mustahkamlanishi hamda davlat korxonalari sektoridagi ish samarasizligini yengib o'tish bundan keyin ham umumiy samaradorlikni (unumdorlikni) oshirishga xizmat qiladi. Agar korxonalar moliyaviy bozorlarga, xomashyo va boshqa manbalarga kirish imkoniyatiga ega bo'lsa, raqobatning kuchayishi texnologiyalar va innovatsiyalarni joriy etishni rag'batlantirishi mumkin. O'zbekistonda biznesni ro'yxatdan o'tkazish nisbatan murakkab emas. (2019 yilda "Biznes yuritish" – "Doing Business" hisobotida O'zbekiston biznes ochishning osonligi bo'yicha dunyoda 12 o'rinni egalladi). Biroq norasmiy cheklovlar, davlat idoralarining samarasiz faoliyati, shaffof bo'lmagan qonun-qoidalar va mulkka egalik qilish bo'yicha huquqning tegishli darajada himoya qilinmasligi katta to'siqlardan bo'lib qolmoqda. Bunday cheklovlar O'zbekistonning to'g'ridan-to'g'ri xorijiy investitsiyalarni jalb qilish imkoniyatini ro'yobga chiqarishga va texnologiyalarni rivojlantirishga to'sqinlik qilmoqda.[20]

Islohotlar iqtisodiy o'sish va yangi ish o'rinlari yaratish uchun hal qiluvchi ahamiyatga ega

2017 yildan buyon O'zbekiston hukumati iqtisodiyotini liberallashtirish bo'yicha olib borayotgan islohotlar biznes yuritish yo'lidagi xorijiy valuta konvertatsiyasi yetishmasligi, yuqori import bojlari va soliq stavkalari kabi cheklovlarni bartaraf etmoqda. Bank ekspertlari O'zbekiston hukumatiga davlatning iqtisodiyotdagi rolini maqbullashtirishni davom ettirishni va xususiy sektorni rivojlantirish maqsadida qolgan to'siqlarni bartaraf etishni tavsiya etmoqda. Ushbu cheklovlarni bartaraf etishga qaratilgan chora-tadbirlar quyidagilarni o'z ichiga oladi:

• investitsiya muhitini yaxshilash;

• soliq ma'muriyatchiligidagi islohotlarni to'liq amalga oshirish;

• davlat budjeti operatsiyalarining, ayniqsa, davlat korxonalariga beriladigan samarasiz yashirin subsidiyalarga nisbatan shaffofligini ta'minlash;

• yerdan foydalanish bo'yicha huquq hamda sanoat, xizmat ko'rsatish va qishloq xo'jaligida mulkka egalik qilish huquqini isloh qilish;

---

[20] 2019 yil 31 oktyabrdagi "Yagona milliy mehnat tizimi» idoralararo dasturiy-apparat kompleksini joriy qilish chora-tadbirlari to'g'risida"gi[20] PQ-4502-son qarori

• davlat monopolistik korxonalarini tarkibiy jihatdan (tizimli) qayta qurish, korporativ boshqaruv va moliyaviy hisobotga qo'yiladigan talablarni kuchaytirish;

• davlatning eksportga yo'naltirilganlikni qo'llab-quvvatlashi (jumladan, ISO standarti bo'yicha sertifikatlash, ekspert xatarlarini kamaytirish, diversifikatsiyalash, Jahon savdo tashkilotiga a'zo bo'lish).

1.4. Pandemiya davrining O'zbekiston iqtisodiyotiga ta'siri o'zgarishlar davri

2022-yil O'zbekiston iqtisodiyoti uchun jiddiy sinovlar davri bo'ldi. Iqtisodiy islohotlar va tadqiqotlar markazi shu davrda mamlakatning rivojlanish jarayonini tahlil qildi.

Pandemiyadan keyingi tiklanishga global konyunkturaning beqarorligi, asosiy savdo sheriklari bo'lgan mamlakatlar iqtisodiyotidagi qiyinchiliklar, jahon bozorlaridagi narxlar tebranishlari, transport va logistika zanjirlarining uzilishi, vaziyatning umumiy noaniqligi kabi omillar ta'sir o'tkazdi. Biroq iqtisodiyot tashqi qiyinchiliklarga chidamliligini ko'rsatdi. Davlat statistika qo'mitasi ma'lumotlariga ko'ra, O'zbekiston yalpi ichki mahsuloti (YIM) 2022-yilda 5,7 foizga o'sgan, ammo o'sish sur'ati 2021-yilga (7,4 foiz) nisbatan pasaygan. Noqulay tashqi sharoitlar fonida asosiy savdo sheriklari bo'lgan mamlakatlardagi vaziyat turlicha rivojlandi.[21]

Qirg'izistonda 2022-yilda YIM 7 foizga o'sgan bo'lsa, 2021-yil oxirida o'sish 3,6 foizni tashkil qilgan. Qozog'istonda o'sish

---

[21] To'xliyev N., Haqberdiyev Q., Ermamatov Sh., Xolmatov N. 0 'zbekiston iqtisodiyoti asoslari. - T.: « 0 'zME», 2018. - 280 b.

sur'atlari 2021-yildagi 4,3 foizdan 2022-yilda 3,1 foizga pasaydi.Mutaxassislarning fikricha, Xitoy YIMning o'sish sur'ati o'tgan yil oxirigacha sekinlashdi va taxminan 3 foizni tashkil qildi. Rossiya iqtisodiyoti yil oxirida mojaro va sanksiyalar fonida tanazzulga yuz tutdi. Natijada yanvar— noyabr oylarida Rossiya iqtisodiyoti 2021-yilning shu davriga nisbatan 2,1 foizga kamaydi. [22]

2022-yilda O'zbekistonda inflyatsiya 2021-yildagi 10 foizdan 12,3 foizgacha tezlashdi. Bu, asosan, jahon miqyosida narxlarning oshishi, O'zbekiston bozoriga asosiy yetkazib beruvchi bo'lgan mamlakatlarda mahsulotlar tannarxining oshishi bilan bog'liq.

Masalan, mamlakat importning qariyb 20 foizi to'g'ri keluvchi Rossiyada inflyatsiya 2021-yilda 8,4 foizdan 2022-yilda 11,9 foizgacha o'sdi. Xuddi shu davrda Qozog'istonda (O'zbekiston importining taxminan 11 foizi) inflyatsiya 8,4 foizdan 20,3 foizgacha o'sdi. [23]

O'zbekistonda 2022 yilda oziq-ovqat mahsulotlari narxi asosan 15,6 foiz (2021-yilda 13 foiz) va nooziq-ovqat mahsulotlari narxi 10,7 foizga (7,8 foiz) oshdi. Pullik xizmatlar narxlarining o'sishi 8,4 foiz (7,7 foiz) o'rtacha darajasida saqlanib qoldi.Yil oxirida asosiy kapitalga investitsiyalar 0,5 foizga qisqardi. Shu bilan birga, markazlashtirilgan investitsiyalarni kamayish tendensiyasi davom etmoqda, ularning hajmi 23 foizga pasaydi.

---

[22] Vaxabov A.V., Tadjibayeva D.A., Xajibakiyev Sh.X. «Jahon iqtisodiyoti va xalqaro iqtisodiy munosabatlar». - T.: Baktria press, 2019. - 548 b
[23] Abduraxmanova G. K. Rol malogo biznesa v rinochnoy ekonomike //Nauka i praktika. - 2013. – №3 - S. 77.

Hukumat tomonidan kafolatlangan xorijiy investitsiyalar, kreditlar va kreditlarni jalb qilish bo'yicha me'yoriy cheklovlar ularning 33 foizga qisqarishiga olib keldi. Shuningdek, budjet mablag'lari hisobidan investitsiyalar 15 foizdan ko'proqqa kamaydi.Shu bilan birga, markazlashtirilmagan investitsiyalar hajmining 4,9 foizga o'sishi kuzatilmoqda. Xususan, markazlashtirilmagan investitsiyalarning aksariyat qismini tashkil etuvchi to'g'ridan to'g'ri xorijiy investitsiyalar va kreditlar 1,3 foizga oshib, 8,5 milliard dollarni tashkil etdi.Korxonalar hisobidan yo'naltirilgan investitsiyalar 8,9 foizga, aholi mablag'lari 3,2 foizga, tijorat banklari kreditlari va boshqa qarz mablag'lari 7,8 foizga oshdi. [24] Umuman olganda, yil davomida investitsiyalarning umumiy hajmida markazlashmagan investitsiyalarning ulushi 80,8 foizdan 85,1 foizgacha o'sdi, markazlashtirilgan investitsiyalarning ulushi esa mos ravishda 19,2 foizdan 14,9 foizgacha pasaydi.Yil yakunlariga ko'ra, iqtisodiyotning barcha tarmoqlarida mahsulot ishlab chiqarish hajmining o'sishi kuzatilmoqda. Sanoatning o'sish sur'ati 2021-yilga nisbatan 5,2 foizgacha sekinlashdi (2021-yilda o'sish 8,8 foizni tashkil etdi). Eng katta o'sish elektr energiyasi, gaz ta'minoti, bug' va havoni tozalash tarmog'ida 12,7 foizga qayd etilgan. Sanoat tarmoqlarida ishlab chiqarish hajmi 5,3 foizga oshdi.

Qazib olish sohasida o'sish sur'atlari 2021-yilda 10,8 foizdan 2022-yilda 2,1 foizgacha pasaymoqda. Shu bilan birga, 2022-yilda iste'mol tovarlari ishlab chiqarish sezilarli darajada 19,4 foizgacha tezlashdi (2021-yilda 13,9 foiz). Xizmat ko'rsatish sohasi 2022-yilda 15,9 foizga oshdi (2021-yilda 19,5 foiz). Barcha sohalarda o'sish kuzatilmoqda.

---

[24] To'xliyev N., Haqberdiyev Q., Ermamatov Sh., Xolmatov N. 0 'zbekiston iqtisodiyoti asoslari. - T.: « 0 'zME», 2018. - 280 b.

2022-yilda moliyaviy xizmatlar eng yuqori sur'atlarda — 29,3 foiz, aloqa va axborotlashtirish xizmatlari — 25,5 foiz, ta'lim — 15,3 foiz, turar joy va ovqatlanish — 14,7 foiz, ijara va prokat — 12,2 foiz, sog'liqni saqlash — 11,5 foizga o'sdi. Transport sohasida ko'rsatilgan xizmatlar hajmi 12,4 foiz, avtotransport xizmatlari 6,5 foiz, yo'lovchi aylanmasi 5,6 foizga oshdi. Shu bilan birga, yuk aylanmasi bo'yicha o'sish sur'ati 2021-yilda 11,8 foizdan 2022-yilda 0,5 foizgacha sekinlashdi. Aksincha, chakana tovar aylanmasining o'sish sur'ati 2021-yilda 12 foizdan 2022-yilda 12,3 foizgacha tezlashdi.Qurilish sohasida o'sish sur'atlari amalda 2021-yildagi 6,8 foizga nisbatan 6,6 foizga, o'tgan yil darajasida qolmoqda. Qishloq xo'jaligida o'sish sur'ati biroz pasayib, 3,6 foizga yetdi (2021-yilda mahsulot ishlab chiqarish hajmining o'sishi 4 foizni tashkil etdi).[25] Tashqi savdo faoliyati 2022-yil oxiriga qadar kengayishda davom etdi. Mustaqillik tarixida birinchi marta tashqi savdo hajmi 2021-yilga nisbatan 18,6 foizga o'sib, 50 milliard dollarga yetdi.

Shuningdek, eksport ko'rsatkichlari 2022-yilda rekord o'rnatdi, ularning hajmi yil yakuniga ko'ra 15,9 foiz o'sish bilan 19 milliard dollardan oshdi (2021-yilda o'sish 10,3 foizni tashkil etdi). Ko'rib chiqilayotgan davrda import 20,4 foizga oshdi.

2022-yilda eksport hajmining o'sishi xorijda oziq-ovqat mahsulotlari yetkazib berishning 24 foizga, energetika tashuvchilar va neft mahsulotlari 34 foizga, kimyo mahsulotlari 17 foizga, mashina va uskunalar yetkazib berish hajmining 41 foizga oshishi bilan bog'liq.[26]

---

[25] Vaxabov A.V., Tadjibayeva D.A., Xajibakiyev Sh.X. «Jahon iqtisodiyoti va xalqaro iqtisodiy munosabatlar». - T.: Baktria-press, 2019. - 548 b

[26] "Jahon iqtisodiy istiqbollari ma'lumotlar bazasi, 2019 yil oktyabr". IMF.org. Xalqaro valyuta fondi. Olingan 16 noyabr 2019.

To'qimachilik mahsulotlari eksporti 8,6 foizga o'sdi va 3,2 milliard dollarga yetdi. Xizmatlar eksporti hajmi esa 1,5 barobar o'sib, 4 milliard dollarni tashkil etdi. Ta'kidlanichisha, 2022-yilda ham 2021-yildagi kabi — 4,1 milliard dollar miqdordagi oltin eksport qilingan.

Importda asosiy o'sish mashina va asbob-uskunalar ta'minotining 16 foizga, kimyoviy mahsulotlarning 19 foizga, oziq-ovqat mahsulotlarining 35 foizga, rangli metallar va ulardan tayyorlangan mahsulotlarning 45 foizga, qora metallar va ulardan tayyorlangan mahsulotlarning 18 foizga, energiya va neft mahsulotlarining 15 foizga o'sishiga to'g'ri keldi. Xizmatlar importi hajmi 43 foizga oshdi. Umuman olganda, 2022-yilda ko'plab tashqi va ichki qiyinchiliklarga qaramay, O'zbekiston iqtisodiyoti barqarorlikni namoyon etdi. 2022-yil uchun prognoz qilingan o'sish sur'atlariga amalda erishildi. [27] Tabiiyki, shoklar va global kon'yunktura iqtisodiy rivojlanishga salbiy ta'sir ko'rsatdi. Bu esa iqtisodiyot tarmoqlarida o'sish sur'atlarining sekinlashishiga va inflyatsiyaning tezlashishiga olib keldi.

Shu bilan birga, tashqi iqtisodiy faoliyatdagi qiyinchiliklarga qaramay, noxomashyo eksportning o'sishi va chet elga mahsulot yetkazib berish geografiyasining diversifikatsiyasi kuzatildi.

Xalqaro ekspertlar va tashkilotlarning hisob-kitoblariga ko'ra, 2023-yil geosiyosiy qarama-qarshilikning kuchayishi, koronavirus bilan bog'liq vaziyat bo'yicha noaniqlikning davom etishi fonida jahon iqtisodiyoti uchun jiddiy muammolar va global tanazzul xavfini keltirib

---

[27] "Jahon iqtisodiy istiqbollari ma'lumotlar bazasi, 2019 yil oktyabr". IMF.org. Xalqaro valyuta fondi. Olingan 16 noyabr 2019.

chiqaradi. Shunday qilib, O'zbekiston iqtisodiyoti joriy yilda ham noqulay sharoitlarda rivojlanishda davom etadi. Tashqi xatarlarni hisobga olgan holda, YIM o'sishi 2023-yilda 5,3 foizga yetishi va keyingi yillarda tezlashishi kutilmoqda.

1.5. Oʻzbekiston iqtisodiyotining taraqqiy etish bosqichlari Soʻnggi 30 yil davomida sobiq Sovet Ittifoqi mamlakatlari yalpi ichki mahsuloti (YAIM) umumiy hajmi uch barobardan ziyodga oʻsgan. Bu haqda RBK oʻzining mintaqadagi iqtisodiy jarayonlar ustidagi izlanishlari natijalariga asoslanib xabar qildi. 30 yil davomida sobiq Sovet Ittifoqi mamlakatlari YAIMining umumiy hajmi uch barobardan ziyodga oʻsdi. 2020 yilda Oʻzbekiston real YAIM hajmi 1991 yilga nisbatan 3,4 baravarga koʻpaydi, aholi jon boshiga toʻgʻri keladigan YAIM koʻrsatkichi 2,9 foizga oshdi. Mamlakat eksporti tarkibida paxta xomashyosi ulushi keskin qisqarib, oltin yetakchi eksport mahsulotiga aylandi. Xususan, 1990 yilda Sovet Ittifoqi iqtisodiyoti hajmi BMT tomonidan oʻsha paytdagi narxlarda 791 mlrd dollarga baholangan. 2021 yilda esa sobiq ittifoqning 15 ta respublikasining YAIMlari umumiy hajmi 2,5 trln dollarni tashkil etdi. [28] Sovet Ittifoqi parchalanishidan oldin uning iqtisodiyoti nominal jihatdan dunyodagi ikkinchi yirik iqtisodiyot hisoblanganligiga qaramay, aksariyat tarixchilar va iqtisodchilar 1960–1980 yillarda Sovet iqtisodiyotining oʻsish surʼati muntazam ravishda pasayib borganligini taʼkidlashgan. BMT hisob-kitoblariga koʻra, 1990 yilda jahon miqyosidagi YAIMning 4,6 foiz qismi Sovet Ittifoqi hissasiga toʻgʻri kelgan boʻlsa, hozirda sobiq ittifoq tarkibiga kirgan oʻn beshta mamlakat YAIMlarining umumiy hajmi jahon YAIMining qariyb 2,6 foizini tashkil etadi. Ayni paytda, Xalqaro valyuta fondi xarid qobiliyati pariteti (PPP) asosida sobiq Sovet Ittifoqi barcha mamlakatlari YAIMlarining jahon iqtisodiyotidagi ulushini yuqoriroq — 4,7 foiz deb baholaydi. PPP — bu turli mamlakatlar valyutalarini «tovarlar savati» yondashuvi orqali taqqoslash imkonini beruvchi koʻrsatkich. PPP

---

[28] 2019 yil 31 oktyabrdagi "Yagona milliy mehnat tizimi» idoralararo dasturiy-apparat kompleksini joriy qilish chora-tadbirlari toʻgʻrisida"gi[28] PQ-4502-son qarori

iqtisodchilarga mamlakatlar YAIMlari, ular o'rtasidagi iqtisodiy samaradorlik va turmush darajasini taqqoslash imkonini beradi. PPP ikki yoki undan ortiq valyutalarning muayyan tovarlar va xizmatlar to'plamini xarid etish qobiliyatlari nisbatini ifodalaydi.

Renaissanse Capital investitsiya bankining Rossiya va MDH davlatlari bo'yicha bosh iqtisodchisi Sofiya Donetsning so'zlariga ko'ra, o'tgan 30 yillik davr mobaynida sobiq Sovet Ittifoqi mamlakatlarining ishlab chiqarish quvvatlari deyarli o'zgarmagan[29]

«Zaif mamlakatlar rivojlanganlariga yetib ololmaydi, na aholi jon boshiga YAIMda, na xarid qobiliyati pariteti ko'rsatkichlarida rivojlangan mamlakatlar bilan ham, mintaqa ichida ham o'zaro yaqinlashuv yo'q», — deya ta'kidlagan ekspert.

Shuningdek, uning fikricha, postsovet mamlakatlari o'sish sur'atlari o'rtasida yuqori korrelyatsiya mavjud bo'lib, inqiroz sharoitida ularning barchasi muammoga duch keladi.

Groningen universiteti Madison Project Database loyihasi mutaxassislari sobiq Sovet Ittifoqi respublikalari uchun aholi jon boshiga yalpi ichki mahsulotning taxminiy miqdorini hisoblab chiqdilar. Unga ko'ra, 1990 yildagi parchalanishdan oldin sobiq ittifoqda aholi jon boshiga YAIM ko'rsatkichi bo'yicha Estoniya, Latviya hamda Litva nisbatan sezilarli farq bilan kuchli uchlikdan joy olgan. Shuningdek, Rossiya, Gruziya, qo'shni Qozog'iston va Belarusda aholi jon boshiga YAIM hajmi ittifoqdagi o'rtacha ko'rsatkichdan yuqori bo'lgan. Eng past ko'rsatkichlar Markaziy Osiyo davlatlarida

---

[29] Vaxabov A.V., Tadjibayeva D.A., Xajibakiyev Sh.X. «Jahon iqtisodiyoti va xalqaro iqtisodiy munosabatlar». - T.: Baktria-press, 2019. - 548 b

(Qozog'istondan tashqari) kuzatilgan, xususan, O'zbekistonda bu ko'rsatkich 6800 dollarni tashkil etgan. [30] 2019 yilga kelib Boltiqbo'yi davlatlari hamda Rossiya yetakchilikni saqlab qolgan. Qozog'iston, Belarus va Turkmaniston Gruziyani ortda qoldirgan. Xususan, Turkmaniston aholi jon boshiga to'g'ri keladigan YAIM hajmini uch barobardan ziyodga oshirishga erishgan.

O'zbekistonda aholi jon boshiga to'g'ri keladigan YAIM ko'rsatkichi 2,9 foizga o'sib, 7000 dollarni tashkil etgan. Taqqoslash uchun, Qozog'istonda bu ko'rsatkich ikki barobardan ziyodga oshib, 26400 dollarga yetgan. Qirg'iziston hamda Tojikistonda esa mos ravishda 5300 va 3400 dollargacha pasaygan. [31]

---

[30] To'xliyev N., Haqberdiyev Q., Ermamatov Sh., Xolmatov N. 0 'zbekiston iqtisodiyoti asoslari. - T.: « 0 'zME», 2018. - 280 b.

[31] To'xliyev N., Haqberdiyev Q., Ermamatov Sh., Xolmatov N. 0 'zbekiston iqtisodiyoti asoslari. - T.: « 0 'zME», 2018. - 280 b.

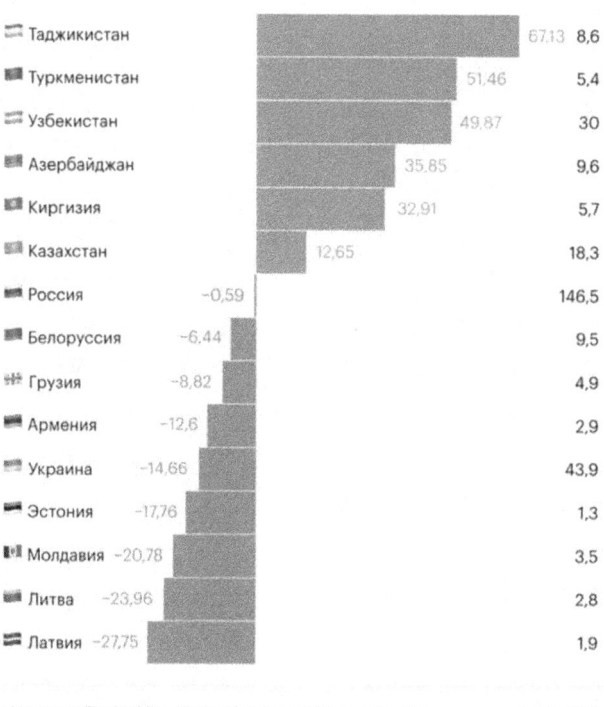

Qayd etish joizki, aholi jon boshiga YAIM ko'rsatkichlari shakllanishi dinamikasida aholi o'sish yoki kamayish sur'atlari ham muhim rol o'ynagan. Jumladan, Tojikiston, Turkmaniston va O'zbekistonda o'tgan davr mobaynida aholi soni keskin o'sgan.

Jahon banki ma'lumotlariga ko'ra, aksariyat postsovet mamlakatlarida aholi jon boshiga to'g'ri keladigan YAIM ko'rsatkichi 1996–1999 yillargacha pasayish tendensiyasini namoyon qilgan. 2009 yilda global moliyaviy inqiroz tufayli bir vaqtning o'zida barcha mamlakatlar iqtisodiyotining pasayishi yoki sekinlashuvi kuzatilgan. 2015–2016 yillarda mintaqaning Rossiya, Qozog'iston,

Ozarbayjon kabi neftga qaram mamlakatlarida jon boshiga YAIM hajmi kamaygan. Bugungi kunga kelib esa oxirgi sinxron pasayish 2020 yilda — koronavirus pandemiyasi davrida sodir bo'lgan.[32]

Hozirda Estoniya, Litva va Latviya sobiq Sovet Ittifoqi mamlakatlari orasida aholi jon boshiga YAIM hajmi bo'yicha yetakchi o'rinlarni egallaydi. Bu mamlakatlarda aholi jon boshiga YAIM ko'rsatkichi deyarli 1995 yildan beri o'sib kelmoqda. Shuningdek, mazkur Boltiqbo'yi davlatlari 2004 yildan buyon Yevropa ittifoqiga a'zo davlatlardan sanaladi. Jahon banki ma'lumotlariga ko'ra, iqtisodiyoti tabiiy gaz eksportiga asoslangan Turkmaniston 2020 yilga kelib real YAIMning 1991 yilga nisbatan eng yuqori o'sish sur'atiga erishdi — 3,6 barobar.[33]

O'zbekiston bu borada ikkinchi o'rinda bo'lib, real YAIM hajmi 1991 yilga nisbatan 3,4 baravarga o'sgan.

Sofiya Donetsning fikricha, postsovet hududidagi iqtisodiy tebranishlar asosan quyidagi omillar bilan izohlanadi:

---

[32] Vaxabov A.V., Tadjibayeva D.A., Xajibakiyev Sh.X. «Jahon iqtisodiyoti va xalqaro iqtisodiy munosabatlar». - T.: Baktria-press, 2019. - 548 b

[33] 2019 yil 31 oktyabrdagi "Yagona milliy mehnat tizimi» idoralararo dasturiy-apparat kompleksini joriy qilish chora-tadbirlari to'g'risida"gi[33] PQ-4502-son qarori

- Boshqaruv modellaridagi farq va bu sohada taraqqiyotning mavjudligi yoki yoʻqligi. Xususan bu borada Armaniston va Gruziya ilgʻor tajribalarni muvaffaqiyatli

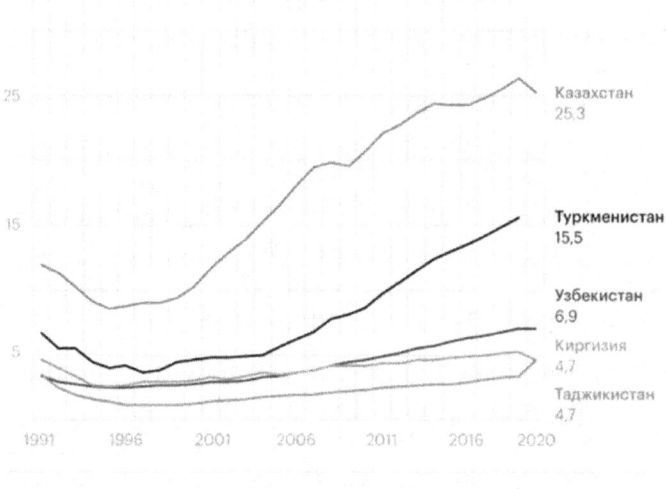

amalga oshirganligi misol qilingan.
- Demografiya. Ayniqsa Markaziy Osiyo mintaqasida aholi soni tabiiy oʻsish hisobiga ortib bormoqda. Shuningdek, Oʻzbekiston, soʻnggi yillarda maktab taʼlimi sifati sezilarli darajada yaxshilanganiga yorqin misol boʻlishi taʼkidlangan.
- Tashqi vektor. Donetsning qayd etishicha, «Rossiya va dunyoning qolgan qismi bilan munosabatlarni muvozanatlash zarurati» postsovet mamlakatlari uchun qiyinchilik tugʻdirdi.
- Resurslarning mavjudligi ham iqtisodiy rivojlanishning muhim omili hisoblanadi.

RBK tahlillarining tasdiqlashicha, 25 yillik davrda O'zbekiston eksporti asosini xomashyo tashkil etmoqda. 1996–2000 yillarda eksport tarkibida o'rtacha 42 foiz ulush bilan paxta xomashyosi dominantlik qilgan bo'lsa, 2019 yilga kelib uning o'rnini oltin egalladi — jami eksportga nisbatan 37 foiz.[34] Shu bilan birga O'zbekistonda paxtani mahalliy qayta ishlash yo'lga qo'yilganligi hisobiga mamlakatning Rossiyaga eksporti tarkibida yirik ulushga ega bo'lgan paxta tolasi kalava-ip bilan o'rin almashdi. Qayd etilishicha, Markaziy Osiyoning boshqa davlatlari, shuningdek, Ozarbayjon ham xomashyo eksportiga qaramligicha qolmoqda. Xususan, Qirg'izistonning eksportida yetakchilik qilgan elektroenergiya o'rnini 2019 yilga kelib oltin egallagan — jami eksportga nisbatan 42 foiz.[35] Qozog'istonning asosiy eksport mahsuloti neft xomashyosi bo'lib, 25 yil mobaynida jami eksportdagi ulushi 21 foizdan 58 foizgacha oshgan.

Turkmaniston eksportida asosiy o'rin tutuvchi tabiiy gaz yetkazib berishning jami eksportdagi ulushi 1997 yildagi 36 foizdan 2019 yilga kelib 81 foizgacha oshdi. Ta'kidlash joizki, 1997 yilda Turkmanistonning Rossiyaga eksportining 66 foizini tabiiy gaz tashkil qilgan bo'lsa, 2019 yilga kelib kalava-ip asosiy eksport mahsulotiga aylangan. Avvalroq yaqin yillarda Turkmaniston Xitoyga tabiiy gaz yetkazib berishda yetakchilikni saqlab qolayotganligi haqida <u>xabar bergan</u> edik. Tojikiston eksporti tarkibida asosiy mahsulot alyuminiyligicha qolmoqda, garchi uning umumiy hajmdagi ulushi 2 barobardan ko'proqqa qisqargan bo'lsa ham. Shuningdek, mamlakatning Rossiyaga eksporti bilan bog'liq

---

[34] Vaxabov A.V., Tadjibayeva D.A., Xajibakiyev Sh.X. «Jahon iqtisodiyoti va xalqaro iqtisodiy munosabatlar». - T.: Baktria-press, 2019. - 548 b
[35] To'xliyev N., Haqberdiyev Q., Ermamatov Sh., Xolmatov N. 0 'zbekiston iqtisodiyoti asoslari. - T.: « 0 'zME», 2018. - 280 b.

vaziyat O'zbekistonnikiga o'xshash: asosiy eksport mahsuloti — paxta tolasi o'rnini kalava-ip egallagan. [36]

1.6. Tashqi savdo va investitsiyalar

Mustaqillikdan beri O'zbekiston iqtisodiyoti sovet uslubidagi buyruqbozlik iqtisodiyoti sifatida asta-sekin o'zgarib borishda davom etmoqda bozor iqtisodiyoti.[37] Hukumat iqtisodiy siyosatidagi islohotlarning borishi ehtiyotkorlik bilan, ammo kumulyativ tarzda amalga oshirildi O'zbekiston hurmatga sazovor yutuqlarni namoyish etdi. Uning cheklangan savdo rejimi va umuman aralashuv siyosati iqtisodiyotga salbiy ta'sir ko'rsatishda davom etmoqda. Ayniqsa, ushbu sohalarda sezilarli tarkibiy islohotlar zarur: xorijiy investorlar uchun investitsiya muhitini yaxshilash, bank tizimini mustahkamlash va qishloq xo'jaligi sohasini davlat nazoratidan ozod qilish. Qolgan cheklovlar valyuta iqtisodiy

---

[36] To'xliyev N., Haqberdiyev Q., Ermamatov Sh., Xolmatov N. 0 'zbekiston iqtisodiyoti asoslari. - T.: « 0 'zME», 2018. - 280 b.

[37] To'xliyev N., Haqberdiyev Q., Ermamatov Sh., Xolmatov N. 0 'zbekiston iqtisodiyoti asoslari. - T.: « 0 'zME», 2018. - 280 b.

faoliyatni nazorat qilish bo'yicha konvertatsiya qilish imkoniyatlari va hukumatning boshqa choralari, shu jumladan, importning qattiq cheklovlarini amalga oshirish va O'zbekistonning qo'shni davlatlar bilan chegaralarini vaqti-vaqti bilan yopish. Qozog'iston, Qirg'iziston va Tojikiston xalqaro kredit tashkilotlarini kreditlarni to'xtatib turishga yoki qaytarib berishga olib keldi.

Bilan yaqindan ishlash XVF, hukumat kamaytirishda sezilarli yutuqlarga erishdi inflyatsiya va byudjet kamomadi. Milliy valyuta 2003 yilda XVJ tomonidan ishlab chiqarilgan barqarorlashtirish dasturi doirasida konvertatsiya qilingan edi, ammo ba'zi ma'muriy cheklovlar mavjud. Qishloq xo'jaligi va ishlab chiqarish sanoati iqtisodiyotga teng ravishda hissa qo'shadi, ularning har biri YaIMning to'rtdan biriga to'g'ri keladi.O'zbekiston paxtaning asosiy ishlab chiqaruvchisi va eksportchisi hisoblanadi, ammo mamlakat mustaqillikka erishganidan keyin ushbu tovarning ahamiyati ancha pasaygan.

Shuningdek, O'zbekiston dunyodagi eng yirik oltin koni bo'lgan oltin ishlab chiqaruvchi yirik mamlakatdir. Mamlakatda kumush, strategik foydali qazilmalar, gaz va neftning katta konlari mavjud.

Bu tendentsiyani aks ettiruvchi jadval yalpi ichki mahsulot Xalqaro Valyuta Jamg'armasi tomonidan millionlab raqamlar bilan baholangan 1995 yilgi doimiy narxlarda O'zbekistonda so'm.[18] Diagrammada shuningdek iste'mol narxlari indeksi (CPI) inflyatsiyani o'sha manbadan va O'zbekiston Markaziy banki ma'lumotlar bazasidan yil oxiridagi AQSh dollari kursi bo'yicha o'lchov sifatida.[19] 2006 yilda sotib olish qobiliyati tengligini taqqoslash uchun AQSh dollari 340 so'mga almashtiriladi.[20]

O'zbekiston YaIM, barcha MDH davlatlari singari, o'tish davrining dastlabki yillarida pasayib, keyin 1995 yildan keyin tiklandi, chunki siyosat islohotlarining kumulyativ samarasi sezila boshladi. Bu 1998-2003 yillarda yiliga 4% ga o'sib borgan va keyinchalik yiliga 7% -8% gacha o'sib borayotgan barqaror o'sishni ko'rsatdi. 2011 yilda o'sish sur'ati 9% ga etdi.[38]

O'sib borayotgan iqtisodiyotni hisobga olgan holda, ish bilan band bo'lganlarning umumiy soni 1995 yildagi 8,5 milliondan 2011 yilda 13,5 million kishiga ko'tarildi.[16] Ishchi kuchining 25 foizga yaqin sog'lom o'sishi shu davrda YaIM o'sishidan ortda qoldi (64 foiz, jadvalga qarang), bu sezilarli o'sishni anglatadi mehnat unumdorligi. Rasmiy ishsizlik juda past: 2005-2006 yillarda hukumat mehnat birjalarida 30000 dan kam ish qidiruvchilar ro'yxatga olingan (ishchi kuchining 0,3%).[16] Boshqa tomondan, ishsizlar juda yuqori deb hisoblashadi, ayniqsa qishloq xo'jaligida bu ish bilan band bo'lganlarning to'liq 28 foizini tashkil qiladi, ularning aksariyati mayda-chuyda uy uchastkalarida yarim kunlik ishlaydi. Biroq, ishonchli mehnat so'rovnomalari yo'qligi sababli ishonchli raqamlar mavjud emas.

Minimal ish haqi, byudjet sohasidagi ish haqi va yoshga doir pensiyalar muntazam ravishda yiliga ikki marta oshirilib, inflyatsiya ta'sirida asosiy daromadlar pasayib ketmasligi uchun ta'minlanadi. O'zbekistonda o'rtacha ish haqi bo'yicha statistik ma'lumotlar e'lon qilinmagan bo'lsa-da, o'rtacha ish haqining ishonchli vakili sifatida pensiyalar 1995 yildan 2006 yilgacha real ravishda ham, AQSh dollarida ham sezilarli darajada oshdi. Qarilik uchun oylik pensiya 1995 yildan 2006 yilgacha real (CPI-ni hisobga olgan holda) miqdorida deyarli 5 martaga oshdi.[16] AQSh dollaridagi oylik pensiya 2000 yilgacha taxminan 20–25 dollar atrofida bo'lgan, keyin 2001-2004 yillarda 15–20 dollargacha pasaygan va hozirda 64 dollar. 2011 yil noyabr oyida eng

---

[38] 2019 yil 31 oktyabrdagi "Yagona milliy mehnat tizimi» idoralararo dasturiy-apparat kompleksini joriy qilish chora-tadbirlari to'g'risida"gi[38] PQ-4502-son qarori

kam ish haqi 34,31 dollarga ko'tarildi.[21] Mamlakatdagi o'rtacha ish haqi oylik pensiyaning 3-4 baravari darajasida deb taxmin qilsak, biz 2006 yilda ish haqini oyiga 100-250 AQSh dollari yoki kuniga 3-8 AQSh dollari deb hisoblaymiz.[39]

Osiyo taraqqiyot bankining prognoziga ko'ra, 2009 yilda O'zbekistonda YaIM 7 foizga o'sishi kutilmoqda.[22] Shu bilan birga, 2010 yilda O'zbekiston yalpi ichki mahsulotining o'sishi 6,5 foizni tashkil qilishi kutilmoqda.[22]

Mehnat

O'zbekistondagi savodxonlik deyarli keng tarqalgan bo'lib, ishchilar odatda yaxshi bilimga ega va o'z sohalari bo'yicha shunga mos ravishda o'qitiladi. Mahalliy texnik va menejment mashg'ulotlarining aksariyati xalqaro biznes standartlariga javob bermaydi, ammo ishlab chiqarish bilan shug'ullanadigan xorijiy kompaniyalar mahalliy yollangan ishchilar tez o'rganishlari va samarali ishlashlari haqida xabar berishadi. Hukumat chet el ta'limiga urg'u beradi. Har yili yuzlab talabalar o'qishga yuboriladi Qo'shma Shtatlar, Evropa va Yaponiya universitet darajalari uchun, undan keyin ular 5 yil davomida hukumat uchun ishlash majburiyatini oladilar. Xabar qilinishicha, chet elda tahsil olayotgan talabalarning qariyb 60 foizi hukumat tarkibida ishlashga bo'lgan 5 yillik majburiyatlariga qaramay, ilmiy darajalarini tamomlagandan so'ng chet el kompaniyalarida ish topadilar. Ba'zi Amerika kompaniyalari mahalliy xodimlariga Qo'shma Shtatlarda maxsus o'quv dasturlarini taklif qilishadi.

Bundan tashqari, O'zbekiston talabalar uchun o'qishni subsidiyalashtiradi Toshkentdagi Xalqaro Vestminster universiteti - O'zbekistondagi oz sonli G'arb uslubidagi

---

[39] "Jahon iqtisodiy istiqbollari ma'lumotlar bazasi, 2019 yil oktyabr". IMF.org. Xalqaro valyuta fondi. Olingan 16 noyabr 2019.

muassasalardan biri. 2002 yilda hukumatning "Istedod" jamg'armasi (sobiq "Umid" jamg'armasi) Vestminsterda o'qiyotgan 155 talabadan 98 nafari uchun to'laydi. Keyingi o'quv yili uchun Vestminster 360 talabani qabul qilishni kutmoqda, ulardan Istedod 160 talaba uchun to'lashni kutmoqda. Westminsterda o'qish har bir o'quv yili uchun 5200 dollarni tashkil etadi. 2008 yilda Toshkentdagi Singapur menejmentni rivojlantirish instituti o'z ishini boshladi. Ushbu universitet xalqaro darajadagi yuqori sifatli ta'lim beradi. O'qish narxi 2012 yilda 5000 AQSh dollarini tashkil etdi. 2009 yilda Turin Politexnik universiteti ochildi. Bu O'rta Osiyoda sanoat uchun yuqori sifatli ishchilarni tayyorlaydigan yagona universitet bo'lib, ko'plab xorijiy firmalar yopilishi yoki qisqartirilishi bilan malakali xodimlarni topish oson, garchi ish haqi G'arb me'yorlariga ko'ra juda past. Hukumat firmalarning banklardan naqd pul olishdagi cheklovlarni chetlab o'tishiga yo'l qo'ymaslik uchun aniq bir tarzda amalga oshiradigan ish haqi cheklovlari ko'plab xorijiy firmalarning ishchilariga xohlagancha maosh to'lashiga yo'l qo'ymaydi. O'zbekistondagi mehnat bozori qoidalari xuddi shunday qoidalarga o'xshaydi Sovet Ittifoqi, barcha huquqlar kafolatlangan, ammo ba'zi huquqlar kuzatilmagan. Ishsizlik tobora kuchayib borayotgan muammo bo'lib, Rossiya, Qozog'iston va Janubi-sharqiy Osiyo yil sayin ortib bormoqda. O'zbekiston Mehnat vazirligi chet elda ishlayotgan O'zbekiston fuqarolari to'g'risidagi ma'lumotlarni nashr etmaydi, ammo Rossiya Federal Migratsiya Xizmati Rossiyadagi 2,5 million o'zbekistonlik mehnat muhojirlari haqida xabar beradi. Shuningdek, Qozog'istonda noqonuniy ravishda ishlayotgan 1 milliongacha bo'lgan o'zbekistonlik muhojirlarning ko'rsatkichlari mavjud. Shunday qilib, O'zbekistondagi mehnat muhojirlari taxminan 3,5-4 million kishini yoki 14,8 million ishchi kuchining 25% ni tashkil qilishi mumkin. AQSh Davlat departamentining hisob-kitoblariga ko'ra, mehnatga layoqatli uchdan besh milliongacha bo'lgan O'zbekiston fuqarolari O'zbekistondan tashqarida yashaydilar.

2016 yildan keyin O'zbekiston o'z mehnat bozoridagi ehtiyojlarini ta'minlash uchun mamlakatda oliy ma'lumot olish uchun takliflar etishmasligini tan oldi.

2016 yildan boshlab O'zbekistonda qator oliy ta`minot dasturlari, shu jumladan chet el universitetlari bilan hamkorlikda ish boshladi. Boz ustiga, talabalarga mehnat bozorida talab qilinadigan zarur ko'nikmalar, bilimlar va malakalarni berish uchun xususiy oliy ta'lim provayderlari paydo bo'la boshladi. Toshkentdagi xususiy universitetlardan biri TEAM universiteti tadbirkorlik faoliyatini boshlash uchun zarur bo'lgan ko'nikmalarni rivojlantirishga, shu bilan biznes va xususiy korxonalarni rivojlanishiga hissa qo'shishga qaratilgan. [40]

Narxlar va pul-kredit siyosati

O'zbekiston yugurish bo'yicha tajribaga ega edi inflyatsiya mustaqillikdan so'ng (1992-1994) darhol yiliga 1000% atrofida. Stabilizatsiya bo'yicha harakatlar faol ko'rsatmalar bilan amalga oshirildi Xalqaro valyuta fondi inflyatsiya darajasi 1997 yilda 50% gacha, 2002 yilda esa 22% ga tushirilganligi sababli tezda to'landi, 2003 yildan buyon yillik inflyatsiya darajasi o'rtacha 10% dan kam bo'lgan.

Mustaqillikning dastlabki yillarini tavsiflovchi og'ir inflyatsion bosim muqarrar ravishda milliy valyutaning keskin pasayishiga olib keldi. Sovet davridan meros bo'lib o'tgan "shartli" rubl va uning vorisi - 1993 yil noyabrida 1: 1 rublga nisbati bilan joriy qilingan "kupon so'mi" ning O'zbekistonning birinchi valyutasi kursi 100 AQSh dollaridan ko'tarildi. 1992 yil boshida $ 1994 yil aprel

---

[40] "Jahon iqtisodiy istiqbollari ma'lumotlar bazasi, 2019 yil oktyabr". IMF.org. Xalqaro valyuta fondi. Olingan 16 noyabr 2019.

oyining o'rtalarida 3627 rublgacha (yoki kupon so'mi). 1994 yil 1 iyulda "kupon so'm" doimiy yangi bilan almashtirildi O'zbek so'mi (So'm) 1000: 1 nisbatida va yangi milliy valyutaning boshlang'ich kursi 7 so'm / AQSh dollari miqdorida belgilandi, bu aprel oyining o'rtalaridan beri deyarli ikki baravarga pasayishni anglatadi. Birinchi olti oy ichida, 1994 yil iyul va dekabr oylari oralig'ida, milliy valyuta yana 25 so'm / AQSh dollarigacha qadrsizlandi va 2002 yil dekabrgacha kurs 969 so'm / AQSh dollarigacha bo'lganida, ya'ni 138 marta tezkor klipda qadrsizlanishni davom ettirdi. sakkiz yarim yil oldin boshlang'ich valyuta kursi yoki mustaqillik e'lon qilinganidan ko'p o'tmay, 1992 yil boshidagi kursdan qariyb 10000 baravar ko'p.

So'ngra so'mning qadrsizlanishi hukumatning barqarorlashtirish dasturiga javoban deyarli to'xtab qoldi, bu esa inflyatsiya darajasini keskin pasaytirdi. Keyingi to'rt yil ichida (2003-2007) so'mning AQSh dollariga bo'lgan kursi 1,33 baravar oshdi, ya'ni 2012 yil may oyida 969 so'mdan 1865 so'mgacha.[41] 1996 yildan 2003 yil bahorigacha rasmiy va "tijorat" deb nomlangan valyuta kursi - ikkalasi ham Markaziy bank tomonidan ma'muriy jihatdan belgilandi - juda yuqori baholandi. Ko'pgina korxonalar va jismoniy shaxslar ushbu "past" stavkalarda qonuniy ravishda dollar sotib ololmadilar, shuning uchun qattiq valyuta talabini qondirish uchun keng tarqalgan qora bozor rivojlandi. Rasmiy valyuta kursi bilan jilovlash kursi o'rtasidagi tarqalish, ayniqsa Rossiyaning 1998 yil avgustdagi moliyaviy inqirozidan keyin yanada kengaydi: 1999 yil oxirida bu 140 so'm / AQSh dollaridagi rasmiy kurs bilan taqqoslaganda 1999 yil oxirida bu 550 so'm / AQSh dollarini tashkil etdi. bo'shliq qariyb 4 baravarga (1997 yildagi va 1998 yilning

---

[41] Vaxabov A.V., Tadjibayeva D.A., Xajibakiyev Sh.X. «Jahon iqtisodiyoti va xalqaro iqtisodiy munosabatlar». - T.: Baktria-press, 2019. - 548 b

birinchi yarmidagi "faqat" 2 koeffitsientidan). 2003 yil o'rtalariga kelib, hukumatning barqarorlashuvi va liberallashtirish bo'yicha harakatlari qora bozor, rasmiy va tijorat stavkalari o'rtasidagi farqni taxminan 8% ga kamaytirdi va 2003 yil oktyabridan so'ng so'm konvertatsiya qilinganligi sababli tezda yo'q bo'lib ketdi. Bugungi kunda to'rtta xorijiy valyuta - bu AQSh dollari, yevro, funt sterling va iyena - barcha shaharlarda tijorat kabinalarida, shuningdek boshqa valyutalar, shu jumladan Rossiya rubli va Qozoq tengesi, shaxsiy ("qora bozor") valyuta ayirboshlovchilari tomonidan sotib olinadi va sotiladi, ularga ta'qiblarsiz ochiq ishlashga ruxsat beriladi. 2003 yil oktyabrdan beri valyuta rejimi "boshqariladigan suzuvchi kurs" sifatida tavsiflanadi. [42]

Savdo rejimini liberallashtirish O'zbekiston uchun XVF tomonidan moliyalashtirilgan dasturga o'tish uchun zarur shart bo'lib qolmoqda. 2012 yilda "qora bozor" stavkasi yana rasmiy kursdan ancha yuqori bo'lib, 2850 so'm / AQSh dollaridan 1865 so'm / AQSh dollarigacha (2011 yil iyun oyi o'rtalarida). Ushbu jilov tez-tez "bozor kursi" deb nomlanadi, chunki pul almashtiruvchilar "bozorlarda" - yirik dehqon bozorlarida yoki uning yonida ishlaydi.

Hukumat tomonidan bank tizimidan yig'ish agentligi sifatida foydalanilganligi sababli soliqlarni yig'ish stavkalari yuqori bo'lib qoldi. Tomonidan texnik yordam Jahon banki, AQSh Moliya vazirligining Texnik yordam idorasi va BMTTD Markaziy bank va Moliya vazirligini bozorga yo'naltirilgan fiskal va pul-kredit siyosatini olib borishga qodir bo'lgan tashkilotlarga aylantirishda ta'minlanadi.

Qishloq xo'jaligi

---

[42] To'xliyev N., Haqberdiyev Q., Ermamatov Sh., Xolmatov N. 0 'zbekiston iqtisodiyoti asoslari. - T.: « 0 'zME», 2018. - 280 b.

2013 yil oxirida hukumat O'zbekiston Respublikasi Markaziy banki orqali qishloq xo'jaligini kelajakda mamlakat iqtisodiy rivojlanishining muhim tarkibiy qismi sifatida bashorat qilishini e'lon qildi.[29]O'zbekistonda qishloq xo'jaligi ishchi kuchining 28 foizini ish bilan ta'minlaydi va YaIMning 24 foizini tashkil etadi (2006 yil ma'lumotlari).[16] YaIMning yana 8 foizi mahalliy qishloq xo'jaligi mahsulotlarini qayta ishlashga to'g'ri keladi.[30] Paxta Bir paytlar O'zbekistonning eng yaxshi pul ishlovchi yulduzi, mustaqillik yillaridan buyon o'zining yorqinligini yo'qotdi, chunki bug'doy tez o'sib borayotgan aholi uchun oziq-ovqat xavfsizligi masalalarida muhim ahamiyat kasb etmoqda. Paxtaga ekilgan maydonlar 1990 yildagi 2 million gektardan 25 foizga ko'proq qisqartirildi, 2006 yilda 1,5 million gektarga kamaydi, bug'doy etishtirish esa 1990 yildagi 1 million gektardan 60 foizga o'sib, 2006 yilda 1,6 million gektarga etdi. Paxta etishtirish pasayib ketdi. Istiqloldan oldingi o'n yillikda har yili 3 million tonna, 1995 yildan buyon 1,2 million tonnani tashkil etdi, ammo hattoki ushbu past darajalarda ham O'rta Osiyo mamlakatlari va Ozarbayjon bilan taqqoslaganda O'zbekiston 3 baravar ko'p paxta ishlab chiqaradi. Paxta eksport O'tgan asrning 90-yillari boshlarida O'zbekiston eksportining 45% atrofida bo'lgan eng yuqori ko'rsatkichdan 2006 yilda 17% gacha pasaygan. O'zbekiston G'arbiy Osiyoda eng yirik jut ishlab chiqaruvchisi va shu bilan birga u sezilarli miqdorda ipak (O'zbek ikat), meva va sabzavotlar 2006 yilda eksport umumiy hajmining qariyb 8 foizini oziqovqat mahsulotlari tashkil etdi. Deyarli barcha qishloq xo'jaligi talab qiladi sug'orish Ammo, byudjet cheklovlari sababli, mustaqillik davrida sug'oriladigan maydonlarning kengayishi deyarli yuz bermagan: u sovet davrida jadal o'sishdan keyin 1990 yilga kelib 4,2 million gektarni tashkil etadi.

Davlatning qishloq xo'jaligiga aralashuvi ikki asosiy paxta ekinlari - paxta va g'alla uchun davlat buyurtmalarining davomiyligida aks etadi. Fermerlar ushbu tovarlarga olinadigan maydon bo'yicha majburiy ko'rsatmalarni oladilar va o'zlarining hosillarini belgilangan narxlarda sotuvchilarga davlat tomonidan belgilangan narxlarda topshirishlari shart. Dehqonlar va qishloq xo'jaligi ishchilarining daromadlari milliy o'rtacha ko'rsatkichdan sezilarli darajada past, chunki hukumat bu farqni kapitalni talab qiladigan sanoat kontsernlarini, masalan, fabrikalarni ishlab chiqarishni subsidiyalash uchun ishlatib, paxta va bug'doy uchun jahon narxlaridan kam to'laydi. avtomobillar, samolyotlar va traktorlar. Binobarin, ko'plab fermerlar ishlab chiqarishga e'tibor berishadi mevalar va sabzavotlar ularning kichik uy uchastkalarida, chunki bu tovarlarning narxi hukumat qarorlari bilan emas, balki talab va taklif bilan belgilanadi. Bundan tashqari, fermerlar yuqori narxlarni olish uchun paxta va ayniqsa, bug'doyni Qozog'iston va Qirg'iziston bilan chegaradan olib o'tishga kirishadilar.

Hukumat asosiy paxta ekinlari, paxta va bug'doy uchun diskriminatsion narxlar, aftidan, so'nggi yillarda qoramol podasining nihoyatda tez sur'atlarda o'sishi uchun javobgardir, chunki sut va go'sht narxlari, xuddi meva va sabzavotlar kabi, bozor tomonidan ham belgilanadi kuchlar. Qoramollar soni 1990 yildagi 4 million boshdan 2006 yilda 7 million boshgacha o'sdi va deyarli barcha bu hayvonlar qishloq oilalari tomonidan parvarishlanmoqda, har bir uyga atigi 2-3 bosh.[16] Shahar bozorlarida o'zimiz ishlab chiqargan sut, go'sht va sabzavotlarni sotish qishloq oilalari daromadlarini oshirish uchun muhim manba hisoblanadi.[43]

Paxta hosilini yig'ishda yordam berish uchun "ixtiyoriy mehnat" dan foydalanish bo'yicha Sovet amaliyoti O'zbekistonda davom etmoqda, u erda har yili maktab o'quvchilari, universitet talabalari, tibbiyot mutaxassislari va

---

[43] To'xliyev N., Haqberdiyev Q., Ermamatov Sh., Xolmatov N. 0 'zbekiston iqtisodiyoti asoslari. - T.: « 0 'zME», 2018. - 280 b.

davlat xizmatchilari ommaviy ravishda dalalarga haydab chiqarilmoqda.[23] Yaqinda mahalliy axborot agentligi tomonidan e'lon qilingan (hukumatga qarshi kuchli qarashlari bilan tan olingan) maqolasida O'zbekiston paxtasi "och bolalarning qo'li bilan yig'ilgan boylik" sifatida tasvirlangan.

Mineral moddalar va kon qazib olish O'zbekiston iqtisodiyoti uchun ham muhimdir. Oltin, paxta bilan bir qatorda, asosiy valyuta daromadidir, norasmiy ravishda umumiy eksport hajmining 20 foizini tashkil etadi.[24] O'zbekiston oltin qazib olish bo'yicha dunyoda ettinchi o'rinda turadi, yiliga 80 tonnaga yaqin qazib olinadi va zaxiralari bo'yicha dunyoda to'rtinchi o'rinni egallaydi. O'zbekistonda mo'l-ko'l mavjud tabiiy gaz, ichki iste'mol uchun ham, eksport uchun ham ishlatiladi; moy ichki iste'mol uchun ishlatiladi; va muhim zaxiralari mis, qo'rg'oshin, rux, volfram va uran. Energiyadan foydalanish samaradorligi umuman yuqori, chunki past narxlar nazorat qilinadiganligi iste'molchilarni tejashga unday olmaydi energiya. O'zbekiston sherik mamlakatdir EI INOGATE to'rtta asosiy mavzuni o'z ichiga olgan energiya dasturi: takomillashtirish energiya xavfsizligi, yaqinlashish a'zo davlat energiya bozorlari asosida Evropa Ittifoqining ichki energiya bozori qo'llab-quvvatlovchi printsiplar barqaror energiya rivojlantirish va jalb qilish sarmoya umumiy va mintaqaviy manfaatlarga ega energiya loyihalari uchun.

O'zbekistonning tashqi savdo siyosati import o'rnini bosishga asoslangan.[24] Bir nechta valyuta kurslari tizimi yuqori darajada tartibga solingan savdo rejimi bilan birgalikda import va eksportning har birini 1996 yildagi 4,5 milliard AQSh dollaridan 2002 yildagi 3 milliard AQSh dollaridan kam bo'lishiga olib keldi.[16] 2003 yilda barqarorlashtirish va valyutani liberallashtirishdagi muvaffaqiyat so'nggi yillarda eksport va importning sezilarli darajada o'sishiga olib keldi, ammo import juda kam tez o'sdi: 2011 yilga kelib eksport ikki baravar ko'payib, 15,5 AQSh dollarini tashkil etdi, import esa faqat 6,5 milliard AQSh dollariga ko'tarildi. , qattiq valyuta zaxiralarini saqlab qolish uchun ishlab chiqarilgan importni almashtirish bo'yicha hukumat siyosatining ta'sirini aks ettiradi. Drakoniyalik tariflar, chegaralarni vaqti-vaqti bilan yopish va chegaralarni kesib o'tishda "to'lovlar" ham iste'mol mahsulotlari, ham kapital uskunalarning qonuniy importiga salbiy ta'sir ko'rsatmoqda. O'zbekistonlik dehqonlar Qozog'istonda mashhur pomidor va sabzavotlarni yaxshi narxlarda qonuniy ravishda sotish uchun mavsumiy imkoniyatlardan mahrum. Aksincha, ular o'z mahsulotlarini arzonlashtirilgan narxlarda mahalliy bozorlarga tashlashga majbur bo'lmoqdalar yoki muqobil ravishda chegara va bojxona xodimlariga qattiq pora berish orqali "eksport qilishni" davom ettirmoqdalar. [44] O'zbek iste'molchilari oddiy vaqtlarda Qirg'izistondan chegarani kesib o'tadigan arzon xitoylik tovarlarga kirish huquqidan mahrum. O'zbekistonning an'anaviy savdo sheriklari bu Mustaqil davlatlar hamdo'stligi (MDH) mamlakatlari, xususan Rossiya, Ukraina va Qozog'iston, bu umumiy eksport va importning 40% dan ortig'ini tashkil etadi.[16] So'nggi yillarda MDHdan tashqarida joylashgan sheriklar ahamiyati oshib bormoqda kurka, Xitoy, Eron, Janubiy Koreya, va EI eng faol bo'lish. 2011 yildan boshlab Rossiya O'zbekiston uchun asosiy tashqi savdo sherigi bo'lib qolmoqda. O'zbekiston bu tashkilotga a'zo Xalqaro valyuta fondi, Jahon banki, Osiyo taraqqiyot banki va Evropa tiklanish va taraqqiyot banki. Bu kuzatuvchi maqomiga ega Jahon savdo tashkiloti, a'zosi Jahon intellektual mulk tashkiloti, va uchun imzolagan Shtatlar va boshqa davlatlar fuqarolari o'rtasidagi investitsiya nizolarini hal qilish to'g'risidagi konventsiya, Sanoat mulkini himoya qilish bo'yicha Parij konventsiyasi, Madrid kelishuvi

---

[44] 2019 yil 31 oktyabrdagi "Yagona milliy mehnat tizimi» idoralararo dasturiy-apparat kompleksini joriy qilish chora-tadbirlari to'g'risida"gi[44] PQ-4502-son qarori

tovar belgilarini himoya qilish to'g'risida, va Patent bo'yicha hamkorlik to'g'risidagi shartnoma. 2002 yilda O'zbekiston mualliflik huquqining intellektual himoyasi yo'qligi sababli yana "301" kuzatuvlar ro'yxatiga kiritildi. [45]

O'zbekistonning investitsiya muhiti MDH davlatlari orasida eng qulay bo'lmagan bo'lib qolmoqda, faqat Belorusiya va Turkmaniston pastroq o'rinlarni egallab turibdi. Noqulay investitsiya muhiti xorijiy investitsiyalar oqimining kamayishiga olib keldi. O'zbekiston eng past darajaga ega deb ishoniladi to'g'ridan-to'g'ri xorijiy investitsiyalar MDHda jon boshiga. O'zbekiston mustaqillikka erishganidan beri AQSh firmalari bu mamlakatga taxminan 500 million dollar sarmoya kiritdi, ammo investorlarning ishonchining pasayishi, ta'qiblar va valyutani konvertatsiya qilish muammolari tufayli ko'plab xalqaro investorlar mamlakatni tark etishdi yoki ketishni o'ylamoqdalar. 2005 yilda Markaziy bank yangi tug'ilgan litsenziyani bekor qildi Biznes Bank mahalliy valyuta ayirboshlash qoidalarining aniqlanmagan buzilishiga asoslanib. Bekor qilish darhol bankrotlik tartib-taomillarini keltirib chiqardi, unga binoan mijozlarning depozitlari ikki oy davomida hibsga olinadi. Ushbu ikki oy davomida foizlar hisoblanmadi. 2006 yilda O'zbekiston hukumati majburan chiqarib yubordi Newmont Mining Corporation (o'sha paytda AQShning eng yirik sarmoyadorlari) ning oltin qazib olish bo'yicha qo'shma korxonasidan Muruntov oltin koni. Nyumont va hukumat o'zlarining kelishmovchiliklarini hal qilishdi, ammo bu xatti-harakatlar O'zbekistonning xorijiy investorlar orasidagi obro'siga salbiy ta'sir ko'rsatdi. Hukumat Britaniyaga qarashli Oxus Mining bilan ham xuddi shunday harakat qildi. AQShga tegishli telekommunikatsiya kompaniyasi Coscom,

---

[45] Vaxabov A.V., Tadjibayeva D.A., Xajıbakiyev Sh.X. «Jahon iqtisodiyoti va xalqaro iqtisodiy munosabatlar». - T.: Baktria-press, 2019. - 548 b

beixtiyor qo'shma korxonadagi ulushini boshqa bir xorijiy kompaniyaga sotdi. Koreyaning filiali GM-DAT GM, ikki yildan beri O'zbekistonga kirib kelgan AQShning yagona taniqli biznesidir. Yaqinda u bilan qo'shma korxona shartnomasini imzoladi UzDaewooAvto eksport va ichki sotish uchun Koreyada ishlab chiqarilgan avtomobillarni yig'ish. AQShning O'zbekistondagi boshqa yirik investorlari qatoriga kiradi IH holati, paxta terish mashinalari va traktorlarini ishlab chiqarish va ularga xizmat ko'rsatish; Coca Cola, shisha idishlar bilan Toshkent, Namangan va Samarqand; Texako, O'zbekiston bozorida sotish uchun moylash materiallari ishlab chiqarish; va Beyker Xyuz, neft va gazni rivojlantirishda.[46]

Bank faoliyati

O'zbekiston banklari asosan davlat tomonidan boshqariladigan mahalliy iqtisodiyotda oqilona barqaror faoliyat ko'rsatdilar. Sektor barqarorligi hozirgi vaqtda tez iqtisodiy o'sish, tashqi moliyaviy bozorlarga past ta'sir qilish va suverenning tashqi va moliyaviy holati bilan qo'llab-quvvatlanmoqda. Shu bilan birga, zaif korporativ boshqaruv va xatarlarni boshqarish, so'nggi paytlarda aktivlarning tez sur'atlarda o'sishi, muhim yo'naltirilgan kreditlash va muammoli aktivlarni sotib olish sababli ushbu sektor mumkin bo'lgan iqtisodiy shoklarga qarshi himoyasiz bo'lib qolmoqda. Banklarning chet el valyutasidagi majburiyatlari, xususan, savdoni moliyalashtirishdan kelib chiqadigan majburiyatlar, mavjud valyuta cheklovlari tufayli ayniqsa zaifdir.

Iqtisodiy tendentsiyalar o'zgargan taqdirda aktivlar sifatining yomonlashuvining sezilarli xavflari mavjud. Moliyalashtirish

---

[46] Vaxabov A.V., Tadjibayeva D.A., Xajibakiyev Sh.X. «Jahon iqtisodiyoti va xalqaro iqtisodiy munosabatlar». - T.: Baktria-press, 2019. - 548 b

bazasi asosan qisqa muddatli bo'lib, asosan korporativ joriy hisobvaraqlardan olinadi, chakana mablag'lar jami depozitlarning atigi 25 foizini tashkil qiladi. Uzoq muddatli moliyalashtirish Moliya vazirligi va boshqa sohadagi majburiyatlarning sezilarli qismini o'z ichiga olgan boshqa davlat idoralari tomonidan ta'minlanadi. Xorijiy mablag'lar unchalik katta emas, umumiy majburiyatlarning taxminan 10% ni tashkil etadi va kelgusida qarz olish rejalari o'rtacha. Likvidlikni boshqarish chuqur kapital bozorlarining etishmasligi bilan cheklanadi va banklar odatda o'z balanslarida naqd pul zaxiralarini saqlashga moyil. Ba'zida kapitalning sifati kreditning pasayishini tan olish uchun kamroq konservativ tartibga solish talablari va asosiy bo'lmagan aktivlarga investitsiyalar bilan zararlanadi.

Chakana savdo

O'zbekistonning chakana savdo sektori an'anaviy bozorlar tomonidan boshqariladi bozorlar, bu erda alohida sotuvchilar oziq-ovqat, uy anjomlari, kiyim-kechak va boshqa iste'mol tovarlarini sotadilar. Ammo mamlakatning chakana savdosi jadal modernizatsiya qilinmoqda.[36] So'nggi yillarda zamonaviy supermarketlar va savdo markazlari qurilishi jadallashdi.[37] Mamlakatning chakana bozori 2017 yilda 17 milliard dollarga baholandi va daromadlarning oshishi, aholi sonining o'sishi va norasmiy chakana savdoga o'tish ushbu sohaning kengayishini davom ettiradi.[38] Supermarketlarning yirik tarmoqlariga mahalliy futbolchilar ham kiradi Korzinka.uz va Makro (O'zbekiston) va frantsuz ko'p millatli zanjiri Karrefur, bu 2021 yilda O'zbekistondagi birinchi do'konini ochadi.[39] Mamlakatning birinchi zamonaviy savdo majmualari Toshkentda joylashgan bo'lib, unga Samarqand Darvoza va Compass ishlanmalari kiradi. Sektor, shuningdek, onlayn chakana savdoda o'sish kuzatildi.

1.7. O'zbekiston milliy iqtisodiyotining tuzilishi

Bizga ma'lumki mamlakatimiz iqtisodiyoti ko'p tarmoqli hududiy ishlab chiqarish majmuidan iborat bo'lib, uning poydevorini ixtisoslashgan tarmoqlar tashkil etadi. Yoqilg'i, mashinasozlik, rangli va qora metallurgiya, kimyo, engil va oziq-ovqat sanoati kabilar ana shunday makroiqtisodiy tarmoqlar turlariga kiradi.[47]

1. Moddiy ishlab chiqarish sohalari: sanoat, qishloq xo'jaligi, transport, qurilish, aloqa va savdo.

2. Moddiy nemat ishlab chiqarmaydigan sohalar:

a). fan, ta'lim, sog'liqni saqlash, jismoniy tarbiy va sport, san'at;

b). Uy-joy xo'jaligi, maishiy xizmat, dam olish maskanlari, boshqaruv idoralari.

Sanoat: a). Og'ir sanoat: yoqilg'i, elektroenergetika, qora metallurgiya, rangli metallurgiya, mashinasozlik, kimyo va qurilish materiallari. b). Engil sanoat: to'qimachilik, tikuvchilik, poyabzalchilik, matbaachilik, oziq-ovqat. Qishloq xo'jaligi: Dehqonchilik (g'allachilik, paxtachilik, sabzavotchilik, uzumchilik, bog'dorchilik). Chorvachilik (qo'ychilik, qoramolchilik, parrandachilik, yilqichilik, pillachilik). Transport (quruqlik, suv yo'llari, quvur transporti, havo yo'llari, elektron). Quruqlik (temir yo'l, avtomobil). Suv

---

[47] To'xliyev N., Haqberdiyev Q., Ermamatov Sh., Xolmatov N. O'zbekiston iqtisodiyoti asoslari. - T.: «O'zME», 2018. - 280 b.

yo'llari (dengiz, daryo). Quvur transporti (neft quvurlari va gaz quvurlari).

O'zbekiston Markaziy Osiyo davlatlari orasida iqtisodiy taraqqiyot uchun zarur bo'lgan imkoniyatlar mavjudligi jihatidan ajralib turadi. Eng avvalo tabiiy geografik sharoitning qulayligi zaminimizda Mendeleev davriy jadvalining deyarli barcha elementlarining topilganligi, serunum erlarimiz borligi va ayniqsa xalqimizning mehnatsevarligi milliy iqtisodiyotning barcha tarmoqlarini rivoj topishiga olib kelgan.
Respublika iqtisodiyoti o'zining ma'lum tarixiga ega. Sobiq Ittifoq mavjudligida hayotning barcha jabhalari markaz tomonidan "tartibga" solinib turilar edi. Har qanday katta-kichik masalalar markaz aralashuvisiz bajarish mushkil edi. Qator asosiy boyliklarimiz, jumladan, oltin, paxta kabilarning taqdiri markaz ixtiyorida edi.
Mamlakatimiz mustaqillikka erishuvi tufayli yuqorida aytib o'tilgan kamchilik-nuqsonlarni tugatish borasida muhim chora-tadbirlar amalga oshirildi. Hayotimizning barcha jabhalarida, shu jumladan iqtisodiyotda katta ijobiy o'zgarishlar ro'y berdi.

Bozor iqtisodiyoti talablari Respublikada o'rta va kichik biznes faoliyati, tadbirkorlik, ishbilarmonlik keng tus olmoqda, mulkchilikning turli shakllari vujudga kelmoqda, ishlab chiqarishda davlat tasarufidagi faoliyatlar doirasi toraya borib nodavlat sohasi keng rivojlanmoqda. Endilikda mamlakat iqtisodiy salohiyatida turli xil mulkchilik formalari shakllanmoqda. Xo'jalik yurituvchi sub'ektlar tarzida faoliyat ko'rsatayotgan ushbu korxonalarning soni yil sayin ortib bormoqda. [48] YaIM umumiy hajmining 83,6 foizi iqtisodiyotning nodavlat sektorida ishlab chiqarildi (2012 yil). Iqtisodiyotda band bo'lganlarning 80,0 foizi nodavlat sektorga to'g'ri keladi. Iqtisodiyot tarmoqlari bo'yicha kichik tadbirkorlik (biznes) ning ulushi quyidagicha: YaIM-42,6, sanoat mahsulotida-21,2, qurilish ishlarida-75,1, chakana savdo aylanmasida-46,3, aholiga pullik xizmat ko'rsatishda-42,1 foiz. Ro'yxatga olingan kichik korxona va mikrofirmalar soni-249694 ta (fermer xo'jaliklarsiz). Ro'yxatga olingan yuridik shaxslarning mulkchilik shakllari bo'yicha taqsimlanishi (fermer xo'jaliklarsiz)-302665 ta, shundan 13,0-foizi davlat, 87,0-foizi nodavlat. Ro'yxatga olingan yuridik shaxslarning nodavlat mulkchilik shakllari bo'yicha taqsimlanishi (fermer xo'jaliklarsiz) hududlar miqyosida quyidagicha: respublika-87,0, Qoraqalpog'iston Respublikasida-82,7, Andijon viloyatida-87,1, Buxoro viloyatida-84,9, Jizzax viloyatida-81,9, Qashqadaryo viloyatida-93,8, Navoiy viloyatida-83,0, Namangan viloyatida-83,6, Samarqand viloyatida-77,9, Surxondaryo viloyatida-81,0, Sirdaryo viloyatida-83,0, Toshkent viloyatida-86,0, Farg'ona viloyatida-84,7, Xorazm viloyatida-85,0, Toshkent shahrida-93,7 foizga to'g'ri kelgan (2021 yil).

Hududlar	Maydoni	Aholi soni	Yalpi ichki mahsulot
Qoraqalpog'iston	37,1	5,7	2,3

---

[48] Vaxabov A.V., Tadjibayeva D.A., Xajibakiyev Sh.X. «Jahon iqtisodiyoti va xalqaro iqtisodiy munosabatlar». - T.: Baktria-press, 2019. - 548 b

Respublikasi			
Andijon	1,0	9,2	6,3
Buxoro	9,0	5,8	5,6
Jizzax	4,7	4,0	2,2
Qashqadaryo	6,4	9,4	7,8
Navoiy	24,7	3,0	5,3
Namangan	1,7	8,2	3,9
Samarqand	3,7	11,3	6,2
Surxondaryo	4,5	7,5	3,8
Sirdaryo	0,9	2,5	1,6
Toshkent	3,4	9,0	9,6
Farg'ona	1,5	11,1	6,8
Xorazm	1,3	5,5	3,0
Toshkent shahri	0,1	7,8	14,7
Respublika bo'yicha	100	100	100

O'zbekiston iqtisodiyoti tubdan isloh qilinishi bilan uning etakchi tarmoqlarida, bir tomondan, yalpi mahsulot ishlab chiqarish hajmida keskin o'zgarishlar kuzatilmoqda, ikkinchi tomondan esa, yil sayin davlat sektorining hissasi nodavlat sektoriga nisbatan tushib borishi kuzatilmoqda (2-jadval).

Shuni eslatib o'tish joizki, mustaqillikning dastlabki yillarida boshqa MDH davlatlaridagi kabi bizning respublikamiz ham anchagina iqtisodiy qiyinchiliklarni boshidan kechirdi. Ular bozor iqtisodiyotiga o'tish munosabati bilan xo'jalikda tarkibiy qayta qurish, sobiq Ittifoq respublikalari bilan iqtisodiy kooperatsiya va ixtisoslashuv aloqalarning uzilishi, hamda boshqa ob'ektiv va sub'ektiv sabablar tufayli sodir bo'lgan edi. Sobiq Ittifoq davlatlari orasida O'zbekiston o'tish davridayoq iqtisodiy barqarorliknigina emas, hatto uning o'sishini taminlagan yagona mamlakat bo'lib kelmoqda.

2-jadval. O'zbekistonda davlat va nodavlat sektorlarining nisbati

(2021 yil, foiz hisobida).

	Davlat sektori	Nodavlat sektor
Yalpi ichki mahsulot	16,4	83,6
Sanoat mahsuloti ishlab chiqarish	8,6	91,4
Yalpi qishloq xo'jalik mahsuloti	0,1	99,9

Chakana tovar ayirboshlash	0,2	99,8
Aholiga pullik xizmat ko'rsatish	17,7	82,3
Iqtisodiyotda band bo'lganlar soni	19,3	80,7

2-jadval. O'zbekiston Respublikasi maydoni, aholi soni va yalpi ichki

Bugun insoniyat yangi tahdidlar oldida turibdi. Yer shari aholisi ko'payishda davom etyapti, tabiiy resurslar zaxirasi esa muttasil ravishda qisqarmoqda. Bunday disproporsiya dunyo mamlakatlarini tang ahvolga solib qo'yayotgani bor gap. Avvalo, global ekologik muammolarning keskinlashuvini kuzatyapmiz. Ekspertlar vaziyatni o'nglash uchun jahon iqtisodiyotida "yashil taraqqiyot" tamoyillarini joriy etish zarurligini ta'kidlamoqda. Mazkur yondashuv BMT Barqaror taraqqiyot maqsadlarida ham o'z ifodasini topgan.[49]

2019 yilda O'zbekiston "Yashil iqtisodiyot"ga o'tish strategiyasi"ni *qabul qildi*. Yaqin o'n yilda mamlakatda uglerod sarfini keskin kamaytirish, iqtisodiyotning barcha tarmoqlarida ekologik toza va resurs tejamkor texnologiyalarni joriy etish, qayta tiklanuvchi, samarali energiya manbalaridan keng foydalanish ko'zda tutilgan.

"Yashil iqtisodiyot"ga o'tish O'zbekistonga ko'plab bonuslar olib keladi. Shu bois men sohadagi islohotlarni boshlab bergan

---

[49] 2019 yil 31 oktyabrdagi "Yagona milliy mehnat tizimi» idoralararo dasturiy-apparat kompleksini joriy qilish chora-tadbirlari to'g'risida"gi[49] PQ-4502-son qarori

2019 yilgi Strategiyani o'z vaqtida qabul qilingan juda to'g'ri qaror, deb hisoblayman. Hukumat pandemiyadan oldingi makroiqtisodiy ko'rsatkichlarni tiklash hamda kelgusi yillarda yana-da yuqori o'sish sur'atlariga erishishni maqsad qilgan. O'z navbatida, mamlakatda aholi soni va daromadlari ko'paymoqda. Bunday sharoitda, turgan gapki, energetika resurslariga bo'lgan talab ham ortadi. "Yashil iqtisodiyot"ning muhim komponenti qayta tiklanadigan energiya manbalarini yaratish va foydalanish hisoblanadi. Bu jihatdan O'zbekistonning salohiyati ancha yuqori. Xalqaro moliyaviy institutlarning hisob-kitobiga qaraganda, respublikada muqobil energiya (ayniqsa, quyosh energiyasi)ning yillik zaxirasi 270 million tonna shartli yoqilg'i ekvivalentiga teng. Bu real ehtiyojimizdan uch karra ko'p. Boz ustiga, "yashil energetika" sohasidagi loyihalarni amalga oshirish O'zbekistonda yaqin o'n yilda qayta tiklanadigan energiya manbalari ulushini 3 barobardan ziyodga ko'paytirish imkonini beradi. Bu iqtisodiyot uchun mislsiz foydadir.[50]

Tadqiqotlardan ma'lum bo'lishicha, O'zbekiston uglevodorod energiyasi – neft, gaz, ko'mirdan foydalanish hisobiga har yili yalpi ichki mahsulotning kamida 4,5 foizini yo'qotmoqda. Qolaversa, mamlakatdagi energiya ishlab chiqaruvchi quvvatlarning salkam yarmi eskirgan. Ularni tiklash yoki modernizatsiyalash katta mablag'ni talab qiladi. Buning o'rniga ham iqtisodiy, ham ekologik jihatdan samarali hisoblangan "yashil energetika"ga o'tish ming chandon afzal. Axir, butun dunyo shu yo'lni tanlayapti. E'tiborlisi, O'zbekiston Markaziy Osiyo davlatlaridan birinchi bo'lib mazkur harakatga qo'shildi. Mohiyatan olib qaraganda, ikki yil avval qabul qilingan "Yashil

---

[50] Vaxabov A.V., Tadjibayeva D.A., Xajibakiyev Sh.X. «Jahon iqtisodiyoti va xalqaro iqtisodiy munosabatlar». - T.: Baktria-press, 2019. - 548 b

iqtisodiyot"ga o'tish strategiyasi" yurtimizning "yashil taraqqiyot" sari yuz burganini anglatadi. Albatta, "yashil iqtisodiyot" faqat energetika sohasini isloh qilishdan iborat emas. Uning ichiga toza ichimlik suvi muammolari, oziq-ovqat xavfsizligi, qishloq xo'jaligidagi innovatsiyalar, barqaror shaharlar, chiqindilarni oqilona boshqarish, o'rmon hududlarini kengaytirish, cho'llanishni qisqartirish kabi ko'p qirrali va keng tarmoqli chora-tadbirlar kirib ketadi.

Yana bir muhim qayd. "Yashil iqtisodiyot"dan davlat yoki biznes emas, balki, eng avvalo, oddiy odamlar foyda ko'radi. Uning ijtimoiy ahamiyati ham shunda. Jahon tajribasidan ma'lum bo'lishicha, iqtisodiyotning turli tarmoqlarida "yashil texnologiyalar"ni joriy etish aholining yashash sifatiga ijobiy ta'sir ko'rsatadi. Buning natijasida shaharlardagi hayot qulaylashadi, bolalar o'limi qisqaradi, o'rtacha umr ko'rish davomiyligi uzayadi va hokazo. Lotin Amerikasi va Afrikaning ayrim mintaqalarida esa hatto tashqi migratsiya oqimlari qisqarib, inson kapitalining rivojlanishi kuzatilgan.

Unutmaslik kerakki, O'zbekiston BMTning Barqaror taraqqiyot maqsadlari hamda Iqlim bo'yicha Parij bitimiga ham qo'shilgan. Har ikkala hujjat milliy hukumatlar zimmasiga "yashil taraqqiyot" talablarini bajarish majburiyatini yuklaydi. Demak, ertami kechmi "yashil iqtisodiyot"ga baribir o'tishimiz kerak. Boshqa choramiz ham yo'q.[51]

"Yashil iqtisodiyot"ga o'tishdan avval milliy qonunchilikni auditdan o'tkazib, jahon talablariga moslashtirish hamda yagona tizimga keltirish zarur. Ba'zi davlatlar ishni amaliyotdan boshlab, keyin qonunchilik

---

[51] To'xliyev N., Haqberdiyev Q., Ermamatov Sh., Xolmatov N. 0 'zbekiston iqtisodiyoti asoslari. - T.: «0 'zME», 2018. - 280 b.

bazasi bilan shug'ullangani bois, qo'shimcha muammolarga duch kelgan. Bunday xatolik o'tish jarayonini sekinlashtiradi.

"Yashil taraqqiyot"ning drayveri bo'la oladigan energetika, ilm-fan va innovatsiyalar, turizm kabi sohalarga doir qonunlarimizda nomuvofiqliklar, bir-birini inkor etuvchi jihatlar talaygina. Hujjatlarning o'zi ham juda ko'p. Aytaylik, elektr energiyasini iste'molchiga yetkazib berish, narx-navoni belgilash va to'lovni amalga oshirish mexanizmlari amaldagi an'anaviy tizimga moslab yaratilgan. Muqobil energiya manbalari bilan ishlash imkonini beradigan huquqiy normalar esa mavjud emas. Masalan, quyosh yoki boshqa turdagi qayta tiklanadigan energiyani kim va qancha miqdorda ishlab chiqaradi, u aholiga qay tartibda, qanday tarif bo'yicha yetkazib beriladi? Bu kabi savollarga oydinlik kiritib, qonun hujjutlarida aks ettirish va shu asnoda yangi bozor subyektlari o'rtasidagi munosabatlarni muvofiqlashtirib borish zarur.[52]

Ikkinchi muhim masala "yashil iqtisodiyot"ga o'tishda davlat qaysi moliyaviy instrumentlardan foydalanmoqchi ekanini aniqlab olishdan iborat. Chunki dastlabki bosqichda iqtisodiyot tarmoqlariga mo'may investitsiya kiritishga to'g'ri keladi. Bunday yukni davlat byudjeti ko'tarolmaydi, ehtimol, xalqaro donor tashkilotlarga murojaat qilinar. U holda tashqi ko'mak qanday shartlarda taqdim etiladi? Muhimi, mahalliy benefitsiarlar – aholi, tadbirkorlik va xo'jalik subyektlari uni qay shaklda olishi mumkin? Biznesda "yashil iqtisodiyot" tamoyillari asosida ishlash uchun rag'bat va motivatsiya uyg'otilmasa, davlatning barcha sa'y-harakatlari zoye ketadi.

Odatda korxona va tashkilotlar, aholining turli qatlamlariga muqobil energiya manbalaridan foydalanish,

---

[52] 2019 yil 31 oktyabrdagi "Yagona milliy mehnat tizimi» idoralararo dasturiy-apparat kompleksini joriy qilish chora-tadbirlari to'g'risida"gi[52] PQ-4502-son qarori

ishlab chiqarish jarayonida uglerod sarfini kamaytirish, "yashil texnologiyalar"ni qo'llash va tegishli asbob-uskunalar xarid qilish uchun imtiyozli yoki foizsiz kreditlar, subsidiya hamda grantlar, soliq imtiyozlari taqdim etiladi. O'z nabatida, bunga bank-moliya tizimi ham xayrixohlik ko'rsatishi, banklar BMT Barqaror rivojlanish maqsadlari bilan bog'liq biznes-loyihalarga alohida e'tibor qaratishi juda muhim.

Yuqorida keltirilgan moliyaviy ko'mak instrumentlari, birinchi navbatda, kichik biznes subyektlariga tatbiq etilsa maqsadga muvofiqdir. Sababi ular bozor konyukturasidagi har qanday o'zgarishga nihoyatda sezgir bo'lib, yangi raqobat muhitiga moslasha olmasligi mumkin. Yirik korxonalarda esa "himoya yostiqchasi" mavjud. Shu bois ba'zi kompaniyalar "yashil iqtisodiyot"ga o'tishda qiynalmaydi. Juda bo'lmasa, mahsulot yoki xizmatlar turini diversifikatsiyalash hisobiga ehtimolli risklarni minimallashtirishi mumkin.

     "Yashil iqtisodiyot"ga o'tishda asosiy rol o'ynaydigan iqtisodiyot tarmoqlarini belgilab olish ham dolzarb masala. Fikrimcha, dastlabki bosqichda turizm va xizmat ko'rsatish sohalariga investitsiya kiritganimiz ayni muddao. Bundan tashqari, mashinasozlik, avtomobilsozlik sanoatidan ham katta samara kutsa bo'ladi. Bir so'z bilan aytganda, davlat qaysi sohani, qachon va qanday qilib "yashil iqtisodiyot"ga o'tkazishni hozirdan hal qilib olishi zarur.

     Yaqin istiqbolda "yashil taraqqiyot"ning intellektual kuchi hisoblangan malakali kadrlar yetishmovchiligi muammosiga ham to'qnash kelamiz. O'zbekiston oldida shunday mutaxassislarni tayyorlash vazifasi ko'ndalang turibdi. Bu ishga hozirdan kirishmasak, kelgusida xorijiy davlatlarga qaram bo'lgan holda yana katta xarajatga tushaveramiz.

     "Yashil iqtisodiyot"ga tezroq va nisbatan og'riqsiz o'tish uchun ilm-fan va innovatsiyalarni jadal rivojlantirish zarur. Chunki bu turdagi iqtisodiyot avvalambor ilm-fan yutuqlari hamda samarali innovatsion yechimlarga tayanadi. Birgina misol, oxirgi oʻn yilda dunyo miqyosida quyosh energiyasidan foydalanish xarajatlari 80 foizga qisqardi. Mazkur tendensiya davom etmoqda. Nega? Chunki olimlar, muhandis va texnologlar mavjud uskunalarni takomillashtirish, yangilarini yaratish, tannarxini tushirish boʻyicha tinmay izlanyapti. Bunday tadqiqotlarni Oʻzbekiston ham olib bormogʻi darkor. Toki innovatsion mahsulotlarni hadeb xorijdan eksport qilmay, oʻzimizda ishlab chiqaraylik. [53]

Bu borada mintaqaviy birdamlikka erishilgani yaxshi, albatta. Shunda jarayon tezlashadi. Ekologik muvozanatni ta'minlash, tabiiy resurslardan oqilona foydalanish kabi masalalar Markaziy Osiyoning barcha mamlakatlari uchun dolzarb. Tabiatda siyosiy chegaralar boʻlmaydi. Aytaylik, "yashil energetika" tizimi yoki atrof muhitga ziyon yetkazmaydigan ishlab chiqarish quvvatlarini yaratishdan nafaqat Oʻzbekiston, qoʻshnilar ham yutadi. Shu nuqtai nazardan umummanfaatli strategik rejalarga tayanib, birgalikda harakat qilganimiz ma'qul. Biroq "yashil iqtisodiyot"ga oʻtish oʻtmaslik har qaysi respublikaning mustaqil ishi. Oʻzbekiston oʻz qarorini qabul qilib boʻldi. Endi soha rivoji uchun huquqiy hamda institutsional poydevor hozirlab, lokal loyihalarni amalga oshirishga kirishmoq lozim. Bunga oʻn, balki yigirma-oʻttiz yil talab qilinar. "Yashil iqtisodiyot"ni muvaffaqiyatli joriy eta olgan Skandinaviya mamlakatlari tajribasini oʻrgansak arziydi. "Yashil oʻsish" va global maqsadlar uchun hamkorlik" (P4G) yaqin yillar ichida ilgari surilgan yirik xalqaro tashabbus hisoblanadi. Uni "yashil rivojlanish" yoʻlini tanlagan mamlakat va

---

[53] Toʻxliyev N., Haqberdiyev Q., Ermamatov Sh., Xolmatov N. 0 ʻzbekiston iqtisodiyoti asoslari. - T.: «0 ʻzME», 2018. - 280 b.

shaharlarning o'ziga xos klubi, deyish ham mumkin. Hozir loyihaning o'ndan ortiq a'zosi bor. Mazkur platforma doirasida ishtirokchilar "yashil iqtisodiyot"ga o'tishga yordam beradigan innovatsion yechimlar yaratish borasida o'zaro hamkorlik qiladi.

"P4G" institutsionallashgan tuzilma bo'lib, bir qator nufuzli xalqaro birlashmalar, moliyaviy institutlar tomonidan qo'llab-quvvatlanmoqda. Uning yordamida O'zbekiston "Yashil iqtisodiyot" strategiyasi"ni amalga oshirish uchun zarur investitsiyalarni jalb qilishi mumkin. Yuqorida men "yashil iqtisodiyot" avvalo oddiy xalqning manfaatlari va istiqboliga xizmat qilishini ta'kidladim. "P4G" yo'nalishidagi sheriklikka qo'shilishimiz pirovard natijada o'zbekistonliklar turmush tarzining yaxshilanishi, hayot sifatining ortishi, shaharlarning yashash uchun qulaylashuvi, mintaqamizda ekologik muvozanatning tiklanishi va boshqa ko'plab ijobiy o'zgarishlarga olib keladi.

Bilasizmi, bugun bu harakat butun dunyoda trendga aylangan. Yirik kompaniyalar, transmilliy korporatsiyalar o'z faoliyatida "yashil rivojlanish" tamoyillarini tatbiq etyapti. Ular korporativ imijini saqlab qolish uchun atayin Barqaror rivojlanish maqsadlariga sodiqligini namoyon etmoqda. O'z navbatida, "yashil o'sish" yo'lini tanlagan mamlakatlar ham xalqaro tashkilotlar hamda biznes doiralarning e'tiborini tortmoqda. Tashqi kreditor va investorlar ushbu davlatlarga sarmoya kiritishni ma'qul ko'ryapti. O'zbekistonning "yashil iqtisodiyot"ga o'tayotgani dunyo hamjamiyati uchun muhim signaldir. "Yashil taraqqiyot" borasidagi maqsadlarmiz ro'yobiga qaratilgan muhim sarmoyaviy loyihalarni yirik donor tashkilotlar, xususan, G'arb kompaniyalari moliyalashtirish istagini bildirsa, ajab emas.

Bozor konyukturasi keskin o'zgaradi, deb o'ylamayman. Lekin yangi mahsulot va xizmat turlari, yangi bozorlarning paydo bo'lishi aniq. Bu iqtisodiyotda "yashil" tarmoqlar yuzaga kelishi bilan bog'liq. Bunday o'zgarishlar an'anaviy bozor konyukturasiga moslashgan tadbirkorlar uchun og'riqsiz kechmaydi, albatta. Ayrim sohalarda ishlab chiqarish quvvatlari qisqarishi mumkin. Sababi korxonalarning barchasi ham "yashil o'sish" tamoyillarini qabul qilishga

II BOB. O'ZBEKISTONDA IQTISODIYOTNI TARAQQIY ETTIRISHNING «O'ZBEK MODELI»

2.1. Iqtisodiyotda «O'zbek modeli» tamoyillari va shart-sharoitlari

Ma'lumki, XX asming 90-yillarida O'zbekiston ijtimoiy-iqtisodiy taraqqiyotida mutlaqo yangi mazmun va mohiyatga ega tarixiy vaziyat yuzaga keldi. Bu, awalo, mamlakatning mustaqillikka erishgani bilan bogiiq vaziyatdir. Istiqlol sharo- fati bilan iqtisodiyotga bozor munosabatlarini joriy etish, mav- jud ijtimoiy-iqtisodiy, xalqaro masalalami milliy manfaatlardan kelib chiqqan holda mustaqil hal etish imkoniyati yaratildi. Boshqacha aytganda, mamlakatda bozor iqtisodiyotiga o'tish jarayoni qadimiy milliy davlatchilikni qayta tiklash va milliy iqtisodiyotni shakllantirish bilan uyg'unlikda olib borildi.[54]

Ayni paytda, bozor munosabatlari o'zbek xalqi uchun bu- tunlay yangi tushunchalar emas edi. Osiyo va Yevropaning savdo yo'li Buyuk ipak yo'li chorrahasida joylashgan o'zbek zamini asrlar osha Sharq va G'arb o'rtasida o'ziga xos ko'prik boiib keldi. O'zbekiston o'zining ana shu tarixiy va an'anaviy o'mini egallashi uchun zamonaviy bozor munosabatlarini va aholi o'rtasida esa

---

[54] 2019 yil 31 oktyabrdagi "Yagona milliy mehnat tizimi» idoralararo dasturiy-apparat kompleksini joriy qilish chora-tadbirlari to'g'risida"gi[54] PQ-4502-son qarori

bozor madaniyatini shakllantirishi lozim edi. Bu esa oson ish emas edi. Zero, kommunistik mafkura hukm- ronlik qilgan sovet zamonida - 70 yil mobaynida xalq bozor qadriyatlaridan butunlay uzoqlashtirilgan, odamlardagi bozor munosabatlariga xos tashabbuskorlik, izlanuvchanlik va tadbir korlik so'ndirilgan, boqimandalik kayfiyati chuqurlashgan edi.

To'g'ri, sotsializm sharoitida ham «xufiyona iqtisodiyot», kooperativ faoliyat, kolxoz bozori singari bir qarashda bozomi eslatadigan yarim ochiq, yarim yashirin ko'rinishdagi unsurlar ham mavjud bo'lgan. Ammo sotsializm mazmun-mohiyatiga ko'ra, bozor iqtisodiyotiga butunlay zid, davlat mulkini eng ustuvor o'ringa qo'yar va xususiy mulkchilikning har qanday ko'rinishini inkor etardi.

Shu bois mulk obyektlarini davlat tasarrufidan chiqarish, xususiylashtirish va monopollashuvdan qaytish mexanizmlari orqali raqobat muhitini yaratish, erkin tadbirkor- likka keng yo'l ochish, bozor infratuzilmasini rivojlantirish, talab va taklif asosida shakllanadigan narx mexanizmini joriy etish kabi bozor ustunlarini qaror toptirish, pirovar- dida esa aralash iqtisodiyotga erishish lozim edi. Chunki shusiz ham chuqur inqiroz girdobiga tushib qolgan iqtisodiyotni sog'lomlashtirishning bozordan boshqa yo'li yo'q, oldinda ulkan islohotlami amalga oshirish vazifasi turardi.

O'zbekistonda katta tabiiy resurslar, turli xil oziq-ovqat mahsulotlarini yetishtirish uchun keng ekin maydonlari, yirik industrial salohiyat, malakali kadrlar, qisqasi, jamiyat a'zolari ehtiyojlarini to'la qondirish uchun zarur barcha imkoni- yatlar mavjud bo'lsa-da, u qashshoq mamlakatlar qatoriga tushib qolgan, jamiyatda eng zarur iste'mol mollarining ham keskin tanqisligi vujudga kelgan edi. Sababi, shaxsiy manfaat va mehnat natijalari o'rtasida bevosita uzviylik yo'q edi. Bu uzviylik esa har qanday jamiyatda taraqqiyotning lokomotivi vazifasini bajaradi, mavjud barcha resurslardan oqilona va samarali foydalanishga xizmat qiladi. Mustaqillikkacha ham bir qancha iqtisodiy islohotlar oʻtkazilganligini ta'kidlash lozim. Ular xoʻjalik mexanizmini takomillashtirish, moddiy manfaatdorlikni oshirishga qaratilgan islohotlar edi. Lekin bunday urinishlaming birortasi ham kutilgan samarani bermadi, berishi ham mumkin emasdi. Chunki shaxsiy manfaat va mehnat natijalari oʻrtasidagi bevosita uzviy- lik hisobga olinmagan edi. Bu masala esa jamiyat poydevori hisoblanadigan mulk munosabatlarini qayta qurish bilan bogʻliq. Mulk munosabatlarini oʻzgartirish esa bevosita sotsializmning taqdiri bilan bogʻliq edi. Bu islohotlar xoʻjalik yuritishning ay- rim boʻgʻinlarini takomillashtirishdan nariga oʻta olmadi, butun iqtisodiyotni jonlantirishga ojizlik qildi. Natijada, yana odat- dagidek, ma'muriy buyruqbozlik tartibotiga zoʻr berildi. Ishlab chiqaruvchi va iste'molchi oʻrtasidagi aloqa ekstensiv omillar- dan keng foydalanish orqali naridan beri ta'minlanib kelindi.

Ekstensiv omillar imkoniyatlarining borgan sari torayib ketaverishi, intensiv xoʻjalik yuritish mexanizmining esa yara- tilmaganligi ertami-kech iqtisodiy tanqislik va tanglikni keltirib chiqarishi muqarrar edi. Iqtisodiy tanglik XX asming 80-yil- lari oxiriga kelib yanada keskin va halokatli tus oldi. Bu, av- valo, mahsulot ishlab chiqarishning butunlay pasayib ketishida, ishlab chiqarish quwatlarining ish bilan ta'minlanmaganligida, ishsizlikning oʻsishida, pul-kredit va valuta tizimining izdan chiqishida namoyon boʻldi.

Surunkali inflatsiya hammaning tinkasini qurita boshla- di. Natijada aholining daromadlari va turmush darajasi pasaya boshladi. Ishlab chiqarish koʻlami va hajmining qisqarishi, Oʻzbekistondek keskin demografik sharoitda yashayotgan res- publikalardagi aholi turmush darajasiga yanada ogʻirroq ta'sir ko ʻrsatdi. Oʻzbekiston aholi jon boshiga milliy daromad ishlab chiqarish, real daromadlar, ish haqi, mehnat unumdorligi ko'rsatkichlari bo'yicha sobiq sho'ro respublikalari orasida eng oxirgi o'rinlardan biriga tushib qolgan edi.

Iqtisodiyotning tarkibiy tuzilishi va uni tashkil etish shakllarini qayta qurmasdan turib, biror-bir jiddiy natijaga erishib bo'lmasligi aniq. Mamlakat xo'jaligining amal qilib kelgan tarkibi ekstensiv rivojlanish mahsuli edi. Bu iqtisodiy zarurat emas, balki qat'iy markazlashgan ma'muriy va rejali boshqa- rishga asoslangan tizim edi. Ishlab chiqarish tarkibiga faol ta'sir ko'rsatadigan asosiy samarali mexanizm bu - bozordir. Chunki bozor sharoitidagina ijtimoiy ehtiyojlarga mos kel- maydigan sohalar o'z-o'zidan barham topadi. Davlat endi bo- zor tan olmagan, zarar keltirib ishlaydigan, norentabel soha va korxonalami qoilab-quvvatlamaydi. Xalq ehtiyojlariga xizmat qiladigan, xaridorgir, budjet uchun mablag' beradigan ishlab chiqarish turlari esa rag'batlantiriladi.

Tanqislikni keltirib chiqaradigan shart-sharoitlardan yana biri - ishlab chiqarishdagi yakka hukmronlik, monopoliyadir. Odatda, tanqislik qondirilmagan talab sifatida vaqti-vaqti bilan har qanday bozorda vujudga kelishi mumkin. Lekin sotsializm xo'jalik yuritish sohasidagi o'zining dastlabki qadamlarida iqti- sodiyotni qat'iy markazlashgan rejali asosda tashkil etish y o ii bilan amalda yakkahokimlikni qonunlashtirdi. Xususiy mulk umumlashtirilib, yagona «umumxalq», boshqacha aytganda, davlat mulkiga aylantirilishi shuni taqozo etardi. Natijada, mo- nopolizm surunkali hodisaga aylanib, har kuni, har soatda takror ishlab chiqariladigan boidi. Chunki davlat bozordagi real ah- volni o'zida aks ettirmaydigan, oldindan belgilab qo'yiladigan tovar turlari va ulaming narxlarini qoilab-quvvatlardi. Shu y o i bilan doimo talabning taklifdan ustunligi, ya'ni taqchillik ta'minlab kelindi. Amalda barcha korxonalar doimiy monopolistlarga aylanib, bozor va iste'molchiga o'z shartlarini qat'iy o'tkazish imkoniyatiga ega edi.

Ishlab chiqarishni yiriklashtirish va ixtisoslashtirish, ijtimoiy mehnat taqsimotini chuqurlashtirish ayrim tarmoq va korxonalaming yakkahokimligini kuchaytirdi. Bu tajriba shunga olib keldiki, butun mamlakat bo'yicha ko'pchilik sanoat mah- suloti turlarini bir-ikki korxona yetkazib beradigan bo'ldi. Shunday qilib, bir tomondan, monopolizm tanqislikning kelib chiqishi uchun sharoit yaratdi. Ikkinchi tomondan, ana shu tanqislikning o'zi monopolizmning keng tomir otishiga xizmat qildi. Iqtisodiy, ijtimoiy va siyosiy voqealaming bun- day tadrijiy rivoji bozor iqtisodiyotiga o'tishni muqarrar qilib qo'ydi.[55]

To'g'ri, bozor iqtisodiyotiga bir kunda va bir zarb bilan o'tish aslo mumkin emas. Sababi - 0 'zbekistonda bozor muno- sabatlariga o'tishning iqtisodiy asoslari ancha zaif edi. Buning ustiga, iqtisodiyot xomashyoga yo'naltirilgan va asosiy ishlab chiqarish fondlari g'oyat eskirganligini ham aytib o'tish lozim. Respublika nafaqat jihozlar, texnologiyalar va juda ko'p turdagi xomashyo mahsulotlarini, balki birinchi darajali aha- miyatga ega oziq-ovqat mahsulotlari - g'alla, go'sht, shakar, tuz, qandolatchilik mahsulotlari va boshqalami, shuningdek, mamlakatda ishlab chiqarish mumkin bo'lgan juda keng doira- dagi xalq iste'moli mollarini ham tashqaridan keltirishga maj- bur edi. Deyarli barcha tarmoqlarda tugallanmagan siklga ega ishlab chiqarish yo'lga qo'yilganligi sababli ular xomashyoni qazib olish va dastlabki ishlov berish, yarimfabrikatlar tayyorlash bosqichida to'xtab qolar edi. Sanoat mahsulotida tayyor mahsulotlar ulushi juda kam, yuqori texnologiyaga asoslangan, ilmtalab va jahon bozorida real raqobat qila

---

[55] To'xliyev N., Haqberdiyev Q., Ermamatov Sh., Xolmatov N. 0 'zbekiston iqtisodiyoti asoslari. - T.: «0 'zME», 2018. - 280 b.

oladigan ishlab chiqarish turlari deyarli yoʻq edi. Ammo oldinda bundan ham qiyinroq va murakkabroq vazi- falar bor edi. Bu - odamlar psixologiyasi va dunyoqarashini oʻzgartirish bilan bogʻliq masalalardir. Mashhur venger iqti- sodchi-olimi Yanosh Komai oʻzining «0 'tish davri iqtisodiyoti toʻgʻrisida xatlar» kitobida «...bitta qaror bilan xususiy mulkni davlat mulkiga aylantirish mumkin, lekin bitta qaror bilan dav- lat mulkini xususiy mulkka aylantirib boimaydi», deb yozgan edi. Oʻzbekistonda bozor iqtisodiyotiga oʻtishda katta yoʻqotish va talatoʻplardan chetlab oʻtildi. Ijtimoiy adolatsizlikka, aholining keskin tabaqalanishiga yoʻl qoʻyilmadi. Bozor iqti- sodiyotiga oʻtishning evolutsion, bosqichma-bosqich yoʻli tan- landi. Bu borada ijtimoiy adolatni ta'minlashda davlatning islohotchilik roli katta ahamiyatga ega boʻldi. Mulkni davlat tasarrufidan chiqarish va xususiylashtirish, raqobat muhitini yaratish, kichik biznes va xususiy tadbirkorlikni rivojlantirish bozor munosabatlarini qaror toptirishning asosiy shart va yoʻnalishlarini tashkil etdi. Oʻtgan davr ichida iqtisodiyotga oid qabul qilingan qonunlar, qarorlar, m e'yoriy hujjatlaming asosiy qismi ana shu uch yoʻnalishni rivojlan- tirishga qaratildi. Bu yillarda minglab davlat korxonalari xususiylashtirildi, aksiyadorlik jamiyatlari yoki mulkchilikning boshqa nodavlat korxonalari sifatida qayta tashkil etildi. Ular xoʻjalik birlashmalari, qoʻshma korxonalar, xususiy fermer xoʻjaliklari, aholi xususiy mulkining boshqa obyektlari sifatida faoliyat yurita boshladi.

Mulkni davlat tasarrufidan chiqarish va xususiylashtirish, kichik biznesni rivojlantirish natijasida Oʻzbekistonda yangi ijtimoiy qatlam mulkdorlar, shuningdek, qimmatli qogʻozlar va koʻchmas mulk bozori kabi yangi bozorlar paydo boʻldi.

2.2. Oʻzbekistonda iqtisodiyotni rivojlantirishda «Oʻzbek modeli»ning mazmun mohiyati

«Oʻzbek modeli» tushunchasining paydo boʻlganiga 20 yildan oshdi. O 'zbekiston Respublikasining Birinchi Prezidenti Islom Karimov 1992-yilda chop etilgan « 0 'zbekistonning oʻz istiqlol va taraqqiyot yoʻli» asarida oʻzbek modelining mohiyati va shakl-shamoyillari hamda tamoyillarini belgilab bergan edi. Keyinchalik bu gʻoya uning 1993-yildagi « 0 'zbekiston – bozor munosabatlariga oʻtishning oʻziga xos yoii» kitobida yanada rivojlantirildi.[56]

Oʻtgan qisqa davr mobaynida bu tushuncha shunchaki oddiy gʻoya emas, balki ulkan hayotbaxsh kuch ekanligini to ia namo- yon etdi. 0 'zbek modeli ikkita katta sinovdan oʻtdi. Birinchi sinov - oʻtgan asming 90-yillarini oʻz ichiga olgan yosh mustaqil mamlakat boshdan kechirgan oʻtish davri edi. Hali oʻtish davri davom etayotgan pallada Oʻzbekiston postsovet maydo- nida birinchi b o iib makroiqtisodiy barqarorlikka erishdi, sanoat va yalpi ichki mahsulot ishlab chiqarishda islohotdan oldingi yillardagi koʻrsatkichlardan oshib ketdi. Boshqacha aytganda, inqirozdan rivojlanish orqali chiqib ketish birdan bir toʻgʻri yoʻl ekanligini isbotladi. Ikkinchi sinov - 2008-yilda boshlan- gan global moliyaviy-iqtisodiy inqiroz boidi.

Taraqqiyotning oʻzbek modeli nafaqat butun jahonni qamrab olgan moliyaviy iqtisodiy inqiroz zarbalariga qarama-qarshi tura oldi, balki dunyodagi 10mamlakat qatorida iqtisodiy oʻsishning eng yuqori (yiliga 8 - 9 foizdan kam boimagan) sur'atlarini ta'minladi.Islom Karimovning shu munosabat bilan chop etilgan «Ja- hon moliyaviy-iqtisodiy inqirozi, Oʻzbekiston sharoitida uni bartaraf etishning yoilari va choralari» asarida hamda jahon

---

[56] Vaxabov A.V., Tadjibayeva D.A., Xajibakiyev Sh.X. «Jahon iqtisodiyoti va xalqaro iqtisodiy munosabatlar». - T.: Baktria-press, 2019. - 548 b

moliyaviy-iqtisodiy inqirozining salbiy oqibatlarini bartaraf etish bo'yicha 2009-2012-yillarga moijallangan Inqirozga qarshi choralar dasturida 0'zbekiston iqtisodiyotining inqiroz- dan keyingi yanada kuchli, barqaror va mutanosib rivojlanish konsepsiyasi ilgari surildi.

0'zbekistonda erishilayotgan bu qadar ulkan ijtimoiy-iqtisodiy muvaffaqiyatlar asosida mamlakatimiz amaliyotida ilgari surilgan iqtisodiyotning mafkuradan xoliligi, siyosatdan ustuvor- ligidan iborat pragmatik iqtisodiy siyosat, davlatning bosh islo- hotchilik vazifasini o'z zimmasiga olishi, jamiyat hayotida qonun ustuvorligini ta'minlash, kuchli ijtimoiy siyosat yuritish, islohotlarni bosqichma-bosqich yuritishni ko'zda tutadigan mashhur besh tamoyilni o'zida aks ettirgan «o'zbek modeli» turibdi.[57]

0'zbek modeli mamlakatimizning o'ziga xos taraqqiyot yo'lidir. Umuman, iqtisodiy rivojlanish modeli deganda iqtisodiyotni tashkil etish, rivojlantirish strategiyasi, maqsadlari, umu- miy tamoyillari ifodalangan nazariy qarashlar va amaliy faoli-yatlar majmui tushuniladi. Bu tushuncha XX asming 50-yilla- rida paydo bo'ldi. Bu davrda jahondagi ko'pchilik mamlakatlar istiqlolga erishib, milliy davlat qurish yo'liga o'tgan edilar. Har qanday jamiyat bir tuzumdan boshqasiga o'tar ekan, shubhasiz, o'ziga xos va mos taraqqiyot yo'lini tanlashga harakat qiladi. Bu jarayonda o'zgalaming xato va yutuqlarini o'rganadi, ulardan tegishli xulosalar chiqaradi.

0'zbekistonda ham mustaqillikning dastlabki kunlaridan o'z ijtimoiy-iqtisodiy rivojlanish yo'li va modelini tanlash va to'g'ri belgilab olish g'oyat muhim ahamiyatga ega edi. Dastlab ayrimlar tomonidan 0'zbekiston boshqa mamlakatlarda tajribadan o'tgan muayyan iqtisodiy

---

[57] To'xliyev N., Haqberdiyev Q., Ermamatov Sh., Xolmatov N. 0 'zbekiston iqtisodiyoti asoslari. - T.: « 0 'zME», 2018. - 280 b.

taraqqiyot modelini qabul qilishi lozim, degan fikrlar ham aytildi. Chunonchi, Turkiya yoki Xitoy modellaridan birini joriy etish maqbulligi haqida tavsiyalar bo'ldi.

Lekin qayta-qayta 0'zbekistonning o'z yoii, o'z taraqqi- yot modeli bo'lishi zarurligi ta'kidlandi. «Agar aynan nusxa olinsa, mamlakatning o'ziga xos shart-sharoitlari, mavjud imkoniyatlari, yaqin va olis hamkorlik bilan ko'p yillar davomida tarkib topgan iqtisodiy hamda ma'naviy aloqalari e'tibordan chetda qoladi... o'z ijtimoiy-iqtisodiy rivojlanish yo'li va ando- zasi ... iqtisodiyoti bozor munosabatlari asosiga qurilgan rivojlangan mamlakatlaming ko'p asrlik tajribasiga, shuningdek, 0'zbekiston xalqining milliy, tarixiy merosi, turmush tarzi, an'analari va ruhiyati xususiyatlariga tayanishi lozim».[58]

0'zbek modelining qaysi global yoki mintaqaviy model bilan uyg'unlashuvi tez va oson kechadi, degan savolning qo'yilishi ham bu vaqtda tabiiy edi. Bunda G'arb andozalari afzalmi yoki Sharq? Qaysi bozor qadriyatlari biz uchun qulay? Masalaga yanada aniqroq yondashiladigan bo'Isa, XX asming 90-yillari boshlarida 0'zbekistonning oldida bir qa- tor strategik rivojlanish yo'llari turganini ta'kidlamoq lozim. Ulami 4 yo'nalish - xomashyo, agrar, industrial va xiz- mat ko'rsatish sohalari bo'yicha guruhlashtirish mumkin. Ular- dan har biri jozibali, respublika uchun real iqtisodiy taraqqi- yot modeli bo'lishi mumkin edi. Ammo xomashyo yo'lini tutish tabiiy boyliklaming yanada talon-toroj qilinishiga, o'z imkoniyatlarini tugatgan ekstensiv ishlab chiqarish omiliga yopishib olishga, aholini ish bilan ta'minlash muammosini hal etishdan yuz burishga, sanoatning faqat

---

[58] Vaxabov A.V., Tadjibayeva D.A., Xajibakiyev Sh.X. «Jahon iqtisodiyoti va xalqaro iqtisodiy munosabatlar». - T.: Baktria-press, 2019. - 548 b

muayyan tarmoq- larini rivojlantirishgagina zo'r berishga olib kelishi muqarrar bo'lardi. Agrar yo'l iqtisodiy taraqqiyot taqdirini agrosanoat majmui tarmoqlarini rivojlantirish asosiga qurishni taqozo qilar, aholining asosiy qismini qishloq xo'jaligi bilan band qi- lishga olib kelardi. Bunday taraqqiyot nisbatan qoloq, hozirgi zamon sivilizatsiyasidan ancha uzoqda bo'lgan mamlakatlar uchun xosdir. Industrial iqtisodiy taraqqiyot modelining sama- radorligini Janubi Sharqiy Osiyo mamlakatlari tajribasi to'la tasdiqladi. Taraqqiyotning xizmat ko'rsatish yo'nalishi ham O'zbekistonga qo'l kelishi tabiiy edi. [59]

O'zbekiston yuqorida sanalgan yoilam ing birontasidan ham butunlay voz kechmadi, balki o'zining iqtisodiy taraqqiyot modelida ulardan samarali va oqilona foydalanish bilan bog'liq muhim vazifalami belgilab oldi. Chunki «bizning qat'iy nuqtayi nazarimiz jahon tajribasi va o'z amaliyotimizdan oldingi jamiki foydali tajribalami rad etmagan holda o'zimizning ijtimoiy-iqtisodiy taraqqiyot yoiim izni tanlab olishdan iboratdir», deb ta'kidlandi. Boy tabiiy resurslar, ulami chuqur qayta ishlash chet el investitsiyalarini jalb qilish imkoniyatini beradi. Agro- sanoat majmuini rivojlantirish mamlakat aholisining katta qismi istiqomat qiladigan qishloqni diqqat markazida ushlab turish- ga undaydi. Industrial taraqqiyot iqtisodiyotni eksportga, im- port o'mini bosadigan tovarlar ishlab chiqarishga yo'naltiradi. Ko'rinib turibdiki, ulaming har biri O 'zbekiston uchun qulaylikdan xoli emas.

O'zbekistonning iqtisodiy taraqqiyot modeli o'z xalqining tarixiy tajribasi, milliy va madaniy an'analariga asoslandi. Bu borada ilgari surilgan muhim nazariy

---

[59] Vaxabov A.V., Tadjibayeva D.A., Xajibakiyev Sh.X. «Jahon iqtisodiyoti va xalqaro iqtisodiy munosabatlar». - T.: Baktria-press, 2019. - 548 b

xulosalardan biri bozor iqtisodiyotiga inqilobiy y o i («shok terapiyasi») bilan emas, balki evolutsion yo'l bilan, bosqichma-bosqich o'tish edi. Bu konsepsiya 0 'zbekistonda ilgari surilgan «Yangi uy qurmay turib, eskisini buzmang» tamoyilida o'zining yorqin ifodasini topdi. Yangi bozor munosabatlariga avvalgi tizimni va tarkib top- gan iqtisodiy munosabatlami batamom sindirib tashlash orqali ham, eski iqtisodiy munosabatlami bosqichma-bosqich yangi bozor munosabatlariga aylantira borib, samarali bozor iqtisodiyotini vujudga keltirish y o ii bilan ham borish mumkin.mamlakat iqtisodiyoti va aholisi tarkibini, taraqqiyotning o'sha davrdagi darajasini e'tiborga olsak, 0'zbekistonga ikkinchi, siyosiy larzalarsiz, beozor y o i ancha maqbul edi.

Tashqi iqtisodiy faoliyatni erkinlashtirish, jahon iq- tisodiyotiga integratsiyalashuv masalalari ham mustaqillikni endi qoiga kiritgan mamlakat uchun o'ta murakkab, qiyin ke- chadigan jarayondir.

0'zbekistonning jahon hamjamiyatining teng huquqli a'zosi sifatida dunyoning barcha mamlakatlari bilan ikki va ko'p tomonlama savdo- iqtisodiy aloqalar olib borish imkoni- yatlari jadallashdi. Eksport va import tarkibini takomillashtirish ham muhim vazifalardan edi. Zero, istiqlolimizning dastlabki yillarida eksportning 60 foizdan ziyodrog'ini bitta tovar - paxta xomashyosi, importning esa 50 foizidan ziyodrog'ini don mah- sulotlari tashkil qilib, monokulturaga asoslangan eksport-im- port tizimi hukmron bo'lib keldi.

Mustaqillik yillarida 0 'zbekiston orttirgan boy tajriba resurslar cheklangan sharoitda barcha muammolami bir yo'la hal qilishga urinish hech qanday samara bermaydi. Shu sababli islohot yo'nalishlarini belgilab olish chog'ida shunday asosiy bo'g'inlami topish muhimki, ularga asoslanib jamiki muammo- lami hal qilish mumkinligi to'g'risidagi mamlakat rahbari tezi- sining naqadar o'z vaqtida ta'kidlanganligini tasdiqlab turibdi. Iqtisodiy islohotlaming asosiy ustuvor yo'nalishlaridan biri sifatida agrar sohadagi o'zgarishlarga doimiy e 'tibor qaratildi. Yerga mulkchilik masalasini hal qilish, davlat xo'jaliklarini, ay- niqsa, zarar keltirib ishlayotgan hamda samarasi past jamoa va kooperativ xo 'jaliklarini tugatib, ulaming yerlarini uzoq mud- datli xususiy fermer xo 'jaliklariga yoki umrbod meros huquqi bilan dehqon xo'jaliklariga berish, qishloq xo'jaligida band bo'lgan ortiqcha ishchi kuchini sanoat korxonalariga jalb qilish kabi masalalar 0'zbekistonning bozor iqtisodiyotiga o'tish strategiyasidagi, agrar siyosatidagi asosiy yo'nalishlardan bo'ldi. 0'zbekiston unumdor yer va suv resurslarining cheklanganligi sharoitida parsella (fransuzcha «bo 'lab>, «parcha») xo'jaligi tajribasi qishloqda xo'jalik yuritishning nodavlat turi- ni rivojlantirishda qo'l keldi. Bu xo'jalik yuritish shakli mam- lakatda eng ko'p tarqaldi va yaxshi natijalar berdi. Bunga il- gari mavjud bo'lgan shaxsiy yordamchi xo'jaliklar (tomorqa xo 'jaligi) va hozir tez rivojlanib borayotgan dehqon va far- mer xo'jaliklari yaxshi misoldir. Makroiqtisodiy barqarorlikni ta'minlash, aniq-puxta ishlab chiqilgan moliya-kredit siyosatini amalga oshirish, iqtisodiyotda tub tarkibiy o'zgarishlarga eri- shish iqtisodiyotning xomashyoviy qiyofasiga barham berish ham muhim ustuvor vazifalardan edi.[60]

Bozor iqtisodiyotiga o'tishda mintaqaga xos xususiyatlami hisobga olish qanchalik muhim bo'lsa, hamma uchun baravar bo'lgan mushtarak qoidalami nazarda tutish ham shunchalik shartdir. Shu bois davlat tasarrufidan chiqarish va xususiylashti- rish, erkin tadbirkorlikni rivojlantirish, raqobat

---

[60] Vaxabov A.V., Tadjibayeva D.A., Xajibakiyev Sh.X. «Jahon iqtisodiyoti va xalqaro iqtisodiy munosabatlar». - T.: Baktria-press, 2019. - 548 b

maydonini vu- judga keltirish masalalariga alohida e'tibor qaratildi. Bozor iqtisodiyotining mazkur «uchta ustuni» bozor yo'lini tanlagan barcha mamlakatlarga xosdir.

Sotsializmda davlat, ya'ni «umumxalq mulki» iqtisodiyotda hukmronlik qilgani uchun amalda samarasizligi tufayli tanaz- zulga yuz tutdi. Mamlakatimizda mulkchilikning turli shakllarini rivojlantirish uchun keng yo'llar ochildi: «Bozor munosabat- larini rivojlantirishga qaratilgan O'zbekiston iqtisodiyotining negizini xilma-xil shakldagi mulk tashkil etadi»

Sog'lom va epchil, har qanday sharoitga va bozorga mos- lashuvchi xususiy mulk daxlsiz deb e'lon qilindi. Bu islohot- ning eng muhim talabi edi. Albatta, belgilangan bunday vazi- falami amalga oshirish katta iroda, kuch-g'ayrat, sabot talab qiladi. Chunki xususiy sektoming shakllanishi, rivojlanishi oson kechmasligi tabiiy. Uni har qanday tashqi aralashuvlar- dan himoya qilish, xususiy shartnoma majburiyatlarining ba- jarilishini qonun bilan kafolatlash, odamlarda xususiy mulkka hurmat-e'tibomi, ezgulik tuyg'usini tarbiyalash borasida tin- may ish olib borilishi lozim edi. [61]

Davlat tasarrufidan chiqarish va xususiylashtirish natijasi- da erkin tadbirkorlikka keng yo'l ochildi. Islohotning birin- chi bosqichida ular, asosan, uy-joy fondi, umumiy ovqatlanish va savdo shoxobchalarini xususiylashtirishni o'z ichiga olgan bo'Isa, endi deyarli barcha ishlab chiqarish va servis sohalari - sanoat, qurilish, qishloq xo 'jaligi, transport va aloqa sohalariga ko'chdi. Bu jarayon ta'lim, sog'liqni saqlash, madaniyat so- halariga ham kirib bordi.

---

[61] Vaxabov A.V., Tadjibayeva D.A., Xajibakiyev Sh.X. «Jahon iqtisodiyoti va xalqaro iqtisodiy munosabatlar». - T.: Baktria-press, 2019. - 548 b

2.3. Iqtisodiy o'sishda «O'zbek modeli» ning ahamiyati va zarurati

Jahonda taraqqiyot modellari ko 'p. Ular o'sha mamlakat tub aholisi nomi bilan ataladi. Masalan, nemis, shved, turk, yapon, koreys, xitoy, hind, o'zbek va hokazo. Qaysi model to'g'risida gap bormasin, asosiy maqsad samarali iqtisodiyotni barpo etish, xalq turmush farovonligini yuksaltirishdan iborat. Biror-bir modelni tanlash pirovard maqsad ham emas. Model, eng av- valo, mavjud tabiiy, ishlab chiqarish va buyuk aql-zakovatning amaldagi ifodasidir. O'tgan yillar mobaynida O'zbekistonning iqtisodiy va ijtimoiy qiyofasi tubdan o'zgarib, u xalqaro hamjamiyatda o'zining munosib o'mini egalladi. Bugun 0 'zbekiston iqti- sodiyoti izchil, barqaror va jadal o'sayotgan jahondagi juda kam sonli mamlakatlar safidan mustahkam o'rin oldi. Ijtimoiy, madaniy sohalardagi erishilayotgan ulkan yutuqlar nufuzli xalqaro tashkilot va ekspertlar tomonidan e 'tirof etilib, yuqori baholanmoqda.[62] Yalpi ichki mahsulot ishlab chiqarishning o'sish sur'atlari global moliyaviy-iqtisodiy inqiroz davrida ham barqaror bo'ldi. Jumladan, Xalqaro valuta jam g'armasi missiyasining bayo- notida O'zbekiston izchil o'sishga erishganligi va global moli- yaviy inqirozga qarshi muvaffaqiyatli choralar ko'rayotganligi qayd etildi, shuningdek, o'rta muddatli istiqbolda iqtisodiy o'sishning yuqori sur'atlari saqlanib qolishi haqida ijobiy prog- noz berildi.

---

[62] Vaxabov A.V., Tadjibayeva D.A., Xajibakiyev Sh.X. «Jahon iqtisodiyoti va xalqaro iqtisodiy munosabatlar». - T.: Baktria-press, 2019. - 548 b

Bu o'zbek modeli doirasida bozor iqtisodiyotining huquqiy asoslari, infratuzilmasi yaratilgani va tobora mustahkamlanayotgani, barcha sohalarda amalga oshirilayotgan islohotlaming izchilligi ta'minlanayotgani samarasidir. Xomashyoni qayta ishlashga qaratilgan yuzlab, minglab yangi zamonaviy kor- xonalaming ishga tushirilishi mamlakatning industrial salo- hiyatini yuksaltirmoqda. Jahonda umume'tirof etilgan rivojlanishning «o'zbek mode- li» hamda mamlakatda demokratik islohotlami yanada chuqur- lashtirish va fuqarolik jamiyatini rivojlantirish konsepsiyasi ustuvor yo'nalishlarining izchil amalga oshirilishi samarasida, jahon iqtisodiyotida inqirozli holatlarga qaramay milliy iqti- sodiyot o'sishining yuqori sur'atlari, makroiqtisodiy muvo- zanat va barqarorlik ta'minlanib kelinmoqda.

Davlat budjeti ijrosi va tashqi savdo profitsiti, inflatsiya va ishsizlik darajalarining prognoz ko'rsatkichlaridan oshmayot- ganligi o'zbek modeli ta'minlayotgan iqtisodiy o'sish va yuksalishning aniq natijalaridir. Taraqqiyotning o'zbek modeli yuksak zamonaviy texnika va texnologiyaning mavjudligi, ishlab chiqarishning industrial tavsifi, rivojlanishda axborot texnologiyalarining o'mi va ahamiyatining yuqoriligi, xizmat ko'rsatish sohasining muttasil o'sib borishi, iqtisodiy o'sishning intensiv yo'li ustuvorligi, iqtisodiyotning ochiqligi, davlat tasarrufidan chiqarish va xu- susiylashtirish, raqobat muhitini yaratish, erkin tadbirkorlikka keng yo'l ochish orqali bozor munosabatlarini chuqurlashtirish, iqtisodiyotning ijtimoiy yo'naltirilganligi, xalq farovonligining izchil yuksalishi, milliy iqtisodiyotning global iqtisodiyot bilan integratsiyalashuvining kuchayishi tendensiyalari bilan tavsif- lanmoqda. O'zbek taraqqiyot modeli qotib qolgan statik tushuncha emas, albatta. Uning xarakteri va shakl-shamoyillarini belgilaydigan asosiy tamoyillar saqlanib qolgan holda doimo vazifa va qoidalar bilan boyib, takomillashib boradi. Zero, hayot bar- cha tartib-qoidalarga tuzatishlarini kiritib boraveradi. Samolyot oʻzining modeliga toʻla mos kelishi kerak. Aks holda, halokat yuz beradi. Iqtisodiy rivojlanish modeli esa unday emas.

III BOB. MILLIY IQTISODIYOT RIVOJLANISHINING ASOSIY KOʻRSATKICHLAR TAMOYILLARI

3.1. Milliy iqtisodiyot rivojida milliy hisoblar tizimi

Milliy hisoblar tizimi (MHT) - iqtisodiy jarayonlar va ulaming natijalariga oʻzaro bogʻliq statistik koʻrsatkichlar orqali kompleks tavsif berishni ta'minlaydigan balans usuli- dir. Uni makroiqtisodiy faoliyat natijalarini tavsiflovchi hi- sobvaraqlari va jadvallaming muayyan toʻplami koʻrinishida ifodalangan oʻzaro bogʻliq statistik koʻrsatkichlar va tas- niflar tizimi sifatida ham aniqlash mumkin. MHT dastlab davlat boshqaruvi organlari tomonidan iqtisodiyotni tartibga solish maqsadida 1953-yildan boshlab rivojlangan mamlakatlarda qoʻllanilgan. Bugungi kunda esa jahonning 150 dan ortiq mamlakatida bu tizimdan foydalaniladi. «Milliy hisobchilik» atamasi gollandiyalik iqtisodchi V. Kliff tomoni- dan taklif qilingan va muomalaga kiritilgan. Sobiq Ittifoqda makroiqtisodiyotni ifodalash va tahlil qi- lish uchun boshqa koʻrsatkichlar tizimi - xalq xoʻjaligi balansi (XXB)dan foydalanilgan. Bu tizim ijtimoiy mulkchilik va markazlashtirilgan rejalashtirishga asoslangan iqtisodiyot modelini tahlil qilishga moʻljallangan. Shu sababli bozor munosabatlariga oʻtish barcha postsovet maydonida joylashgan mamlakatlami xalq xoʻjaligi balansidan milliy hisoblar tizimi- ga oʻtishini zaruratga aylantirdi. MHTda buxgalteriya hisobining ba'zi muhim jihatlari (masalan, ikki yoqlama yozuv tamoyili)dan foydalaniladi va uning maqsadi buxgalteriya hisobining maqsadlariga muvofiq keladi. Xususan, buxgalteriya hisobining asosiy maqsadlari- dan biri korxona rahbarlarini boshqaruv qarorlarini qabul qilish uchun axborot bilan ta'minlashdan iborat. MHTda esa xuddi shu maqsad makroiqtisodiyot darajasida amalga oshiriladi. Shuning uchun ko'plab iqtisodchilar MHTni «butun iqtisodi- yotning buxgalteriya hisobi», deb ataydilar.

MHTning ko'rsatkichlar tizimi asosida iqtisodiy jarayon- lar va ulaming natijalari tavsiflanadi, bu jarayonlar o'rtasidagi o 'zaro bog'liqliklar aks ettiriladi. Shunday qilib, MHT - mamlakat, uning mintaqalari va sektorlari iqtisodiy faoliyatini kom- pleks tadqiq etish uchun qo'llaniladigan iqtisodiyotning o'ziga xos modeli hisoblanadi.

Jahon amaliyotida milliy hisoblar tizimi samarali bo'lishi va makroiqtisodiy qonuniyatlar va o'zaro bogiiqliklami aniqlashga imkoniyat yaratishi uchun bir qator muhim qoidalarga rioya qilinadi.[63]

Birinchidan, MHTda iqtisodiy ishlab chiqarishning kengroq va to'laroq ta'rifi qo'llaniladi (XXBda iqtisodiy ishlab chiqa- rish sohasiga faqat moddiy ishlab chiqarish kiritilgan). MHT metodologiyasiga ko'ra iqtisodiy ishlab chiqarish tovar va xizmatlar ishlab chiqarish bo'yicha barcha faoliyat turlarini o'z ichiga qamrab oladi. Xususan, unga muvofiq iqti- sodiy ishlab chiqarishga quyidagilar kiradi:

-tovarlar ishlab chiqarish (shu jumladan uy xo'jaliklari to- monidan ovqat tayyorlash, uy yig'ishtirish, bolalami

---

[63] Vaxabov A.V., Tadjibayeva D.A., Xajibakiyev Sh.X. «Jahon iqtisodiyoti va xalqaro iqtisodiy munosabatlar». - T.: Baktria-press, 2019. - 548 b

tarbiyalash bo'yicha ko'rsatiladigan xizmatlardan tashqari o'z iste'moli uchun tovarlar ishlab chiqarish);

-sotish uchun bozor xizmatlari ishlab chiqarish;

-moliyaviy vositachilar (banklar, investitsiya fondlari, sug'urta kompaniyalari) faoliyati;

-davlat boshqaruvi muassasalari tomonidan ishlab chiqarilgan nobozor xizmatlari;

-uy xo'jaliklariga xizmat ko'rsatuvchi notijorat tashkilot- lari tomonidan ko'rsatiladigan nobozor xizmatlari;

-yollangan xizmatchi (oshpaz, haydovchi, bog'bon) tomonidan ko'rsatiladigan xizmatlar;

-o'z iste'moli uchun uy-joy egalari tomonidan ko'rsatiladigan xizmatlar;

-atrof-muhitni muhofaza qilishga qaratilgan faoliyat.

MHT metodologiyasining ikkinchi eng muhim qoidasi «daromad» atamasining mazmuniga tegishli. MHTga ko'ra daromad deganda shunday maksimal pul miqdori tushuniladiki, kishilar uni iste'mol tovarlari va xizmatlariga sarflaganda ulaming jam g'argan boyliklari kamayib qolmaydi, ular uchun hech qanday moliyaviy majburiyatlar kelib chiqmaydi, boshqa- cha qilib aytganda, qashshoqlashib qolmaydi.

    MHTning uchinchi qoidasi ko'plab xo'jalik yurituvchi sub yektlaming bir turdagi guruhlarga birlashtirilishi bilan bog'liq. Bu guruhlar soni beshta bo'lib, ular uchun hisobvaraqlarining standart to'plami ko'zda tutilgan va bu hisobvaraqlarida ta'lim, ishlab chiqarish, taqsimot, daromadlami qayta taqsim- lash, jam g'arish va omonatlar, moliyaviy aktivlami sotib olish va moliyaviy majburiyatlami qabul qilish bilan bog'liq iqti- sodiy operatsiyalar qayd etiladi. 1993-yildan boshlab xo'jalik yurituvchi subyektlar iqtisodiy jarayonda bajaradigan funksiyasiga ko'ra quyidagi institutsional sektorlarga kiritiladi:

-nomoliyaviy korporatsiyalar va kvazikorporatsiyalar (tovarlar va nomoliyaviy xizmatlar ishlab chiqarish funksiyasi);

-moliyaviy korporatsiyalar va kvazikorporatsiyalar (bo'sh moliyaviy resurslami jamlash va muayyan shartlar bilan investorlarga taqdim etish funksiyasi);

-davlat boshqaruvi (milliy daromad va boylikni qayta taqsimlash hamda bepul xizmatlar taqdim etish funksiyasi);

-uy xo'jaligi (bozorda tovar va xizmatlar sotib olish, ishchi kuchi taqdim etish funksiyasi);

-uy xo'jaliklariga xizmat ko'rsatuvchi notijorat tashkilotlari (jamoatchilik, siyosiy, diniy tashkilotlar, ularning funksiyasi ushbu tashkilotlar a'zolariga bepul xizmat ko'rsatishdan iborat).

Sektorial hisobvaraqlaridagi axborotlami tahlil qilish- dan tashqari ular o'rtasidagi iqtisodiy jarayondagi o'zaro bog'liqliklar ham tahlil qilinadi. Shuningdek, MHTda muhim hisobvaraqlari (ishlab chiqarish hisobvarag'i va daromadlar hosil bo'lishi hisobvarag'i) iqtisodiyotning alohida tarmoqlari (sanoat, qishloq xo'jaligi, qurilish, transport va boshqalar) uchun ham tuziladi. Shunday qilib, sektorial hisobvaraqlari, iqtisodiyot tarmoqlari uchun hisobvaraqlari asosida makro iqtisodiy hisob-kitoblar amalga oshiriladi. MHT doirasida makroiqtisodiy hisob-kitoblaming maqsa- di muayyan davr uchun asosiy iqtisodiy oqimlaming umum- lashtiruvchi ko'rsatkichlarini yoritishdan iborat bo'lib, ulaming shakllanishi va o'zaro bog'liqligi MHT tarkibining mohiyatini tashkil etadi.

Iqtisodiy oqimlar deganda qiymatning yaratilishi, oʻzgarishi, almashinishi, uzatilishi tushuniladi. Iqtisodiy oqimlar institutsional birliklar hajmi, tarkibi, aktivlari va majburiyatlarining qiymatida oʻzgarishlami keltirib chiqarishi mumkin. Institutsional birliklar deganda ishlab chiqarish, daromadlami taqsimlash, qayta taqsimlash va foydalanish imkoniyati va huquqiga ega boʻlgan yuridik va jismoniy shaxslar, tashkilotlar va muassasalar tushuniladi. Iqtisodiy oqimlar MHTda «iqtisodiy operatsiyalar» deb yuritiladi. Ular qarama-qarshi oqimlar koʻrinishida muayyan qoplamalar bilan amalga oshiriladi (taqdim etilgan tovar, xizmatlar, mehnat yoki aktiv evaziga yana tovar, xizmatlar va boshqalar koʻrinishida qoplamalar taqdim etiladi). Agar iqti- sodiy operatsiyalar qoplamalarsiz amalga oshirilsa (pensiyalar, stipendiyalar toʻlash, gumanitar yordam va boshqalar), bunday iqtisodiy operatsiyalar transfert operatsiyalari deb yuritiladi. MHT tarkibining asosini hisobvaraqlari va balans jadvallari tashkil etadi.[64] Hisob varaqlari xoʻjalik birliklarining operatsiyalari, aktivlari va majburiyatlarini aks ettiradi va ikki yoqlama jadval koʻrinishida boʻladi. Unda balanslashtiruvchi moddalar yor- damida miqdorlar oʻrtasidagi tenglikka erishiladi. Bu moddalar makroiqtisodiy koʻrsatkichlar hisoblanadi. Balanslashtiruvchi moddalar bir hisobvaragʻidan ikkinchisiga oʻtish imkonini beradi va hisobvaraqlarini yagona tizimga birlashtiradi. MHT tarkibida joriy narxlarda ishlab chiqiladigan quyidagi hisob varaqlari guruhlari ajratiladi:

1. Ichki iqtisodiyot hisobvaraqlari.

2. Iqtisodiyot tarmoqlari hisobvaraqlari guruhi.

---

[64] Vaxabov A.V., Tadjibayeva D.A., Xajibakiyev Sh.X. «Jahon iqtisodiyoti va xalqaro iqtisodiy munosabatlar». - T.: Baktria-press, 2019. - 548 b

3. Tashqi iqtisodiy aloqalar («tashqi dunyo») hisobvaraq- lari.

Har bir tizimga kiruvchi hisobvarag'i u yoki bu resurslar hajmi va ulardan foydalanish o'rtasidagi tenglikni ifodalovchi balans hisoblanadi. Unga balanslashtiruvchi moddani hisob-kitob qilish evaziga erishiladi. Har bir hisob varag'ining balanslashtiruvchi moddasi o'rganilayotgan iqtisodiy jarayonlar natijalarini tavsiflashda mustaqil qiymatga ega bo'ladi. U, shuningdek, har bir oldingi hisobvarag'ini keyingisi bilan bog'lash uchun ishlatiladi. Pirovardida hisobvaraqlarining balanslashtiruvchi moddalari har biri iqtisodiy tahlilda mustaqil ahamiyatga ega natijalaming makroiqtisodiy ko'rsatkichlari tizimi sifatida namoyon bo'ladi.

Shunday qilib, hisobvaraqlariga birlashtirilgan va takror ishlab chiqarishning tegishli bosqichiga muvofiq keluv- chi muayyan ketma-ketlikda hisoblanadigan o'zaro bog'liq ko'rsatkichlar tizimi asosida iqtisodiy jarayonlar va iqtisodiyot amal qilishining natijalarini kompleks miqdoriy tavsiflash imkoniyati yuzaga keladi.

Umuman, iqtisodiyot uchun barcha hisobvaraqlarini tuzish ko'zda tutiladi. Ular jamlama hisobvaraqlarini tashkil etadi va bir tomondan, mamlakat iqtisodiyoti va tashqi dunyo o'rtasidagi aloqalami, ikkinchi tomondan, ichki iqtisodiyotning sektorlari o'rtasidagi munosabatlami va tizimning turli ko'rsatkichlari o'rtasidagi o'zaro bog'liqlikni aks ettiradi.

Ichki iqtisodiyotning har bir sektori uchun hisobvaraqlari to'plami tuziladi. Hisobvaraqlari shuning uchun ham tizim hisoblanadiki, ular, birinchidan, bir-biri bilan o'zaro bog'langan bo'ladi, ikkinchidan, yagona metodologik tamoyil asosida quri- ladi, uchinchidan, yagona metodologik tamoyil asosida hisob- langan o'zaro bog'liq ko'rsatkichlardan iborat bo'ladi. Hisob varaqlaridagi ko'rsatkichlar operatsiyalami, operatsiyalaming har biri institutsional birliklar o'rtasidagi qiymat oqimlarini aks ettiradi. Takror ishlab chiqarish davri bosqichlariga muvofiq holda operatsiyalar ishlab chiqarish, taqsim- lash, almashuv, iste'mol va jam g'arish operatsiyalari bo'lishi mumkin. Shunday qilib, MHTda takror ishlab chiqarish jarayonining barcha bosqichlari (ishlab chiqarish, almashuv, taqsimlash, iste'mol va jam g'arish) orqali tovar va xizmatlar qiymatining harakati o'z aksini topadi. Tizim balans jadvallarini tuzish bi- lan yakunlanadi. Bu jadvallar berilgan yilda mehnat natijasida milliy boylikdagi yakuniy o'zgarishlami o'zida aks ettiradi. Shu bilan birga tovar va xizmatlar ishlab chiqarish ulardan foy dalanishni o'zida aks ettiruvchi tarmoqlararo balans va undagi o'zgarishlami ham ifodalaydi.

3.2. Iqtisodiyot prognozida makroiqtisodiy ko'rsatkichlar

Milliy iqtisodiyot miqyosida alohida iqtisodiy subyekt- lar faoliyatining natijasiga milliy hisoblar tizimining turli ko'rsatkichlari asosida baho beriladi. Milliy hisoblar tizimi yor- damida muhim makroiqtisodiy ko'rsatkichlar aniqlanadi. MHT ning eng asosiy ko'rsatkichlari - yalpi ichki mahsulot (YalM), yalpi milliy mahsulot (YaMM), sof milliy mahsulot (SMM) va milliy daromad (MD) hisoblanadi. [65]

Yalpi ichki mahsulot - MHTning eng asosiy ko'rsatkichi bo Tib, mamlakat iqtisodiy birliklari - rezidentlaming m a'lum davr ichida (ko'pincha bir yilda)gi ish faoliyatining natijalarini ifodalaydi. U pirovard iste'molning bozor baholarida, ya'ni xaridor tomonidan

---

[65] To'xliyev N., Haqberdiyev Q., Ermamatov Sh., Xolmatov N. 0 'zbekiston iqtisodiyoti asoslari. - T.: « 0 'zME», 2018. - 280 b

to'lanadigan (tovarlarga solinadigan soliqlar va barcha savdo-transport ustamalarini ham o'z ichiga oladi- gan) baholarda hisoblanadi. YalM, odatda, mamlakatning iqtisodiy rivojlanish darajasi va sur'atlarini ifodalovchi umumiy indikator vazifasini bajaradi. Ayni vaqtda iqtisodiy tahlilda YalM barcha aholi, iqtisodiy faol va band aholi soni bilan solishtiriladi. Bu esa aholi tur- mush farovonligiga baho berish imkonini beradi. Shuningdek, iste'mol qilingan resurslar, asosiy fondlar, investitsiyalar, har xil yo'nalishdagi davlat xarajatlari birligiga to'g'ri keladigan YalM hajmi ham aniqlanadi. Bunday hisob-kitoblar resurslar, asosiy fondlar va sarflangan xarajatlaming samaradorligini tahlil qilishda muhim rol o'ynaydi.

Aholi jon boshiga to'g'ri keladigan YalM hajmi asosida mamlakatning xalqaro tashkilotlar budjetiga toTovi miqdori aniqlanadi, ular tomonidan beriladigan kreditlaming shartlari va miqdoriga oydinlik kiritiladi, turli mamlakatlarga beriladi- gan moliyaviy va boshqa yordamlar amalga oshiriladi, inves- titsiya muhitiga baho beriladi.

YalM pul o'lchovida aniqlanadi. Ammo bozor iqtisodiyoti sharoitida pul birliklari kursining tebranishi yuz beradi, shu- ningdek, tovar va xizmatlarga bo'lgan narxlar o'zgarib turadi. Natijada YalMning jismoniy hajmi bir xil bo'lgan sharoitda ham uning puldagi ifodasi turli qiymatga ega boiadi. Shu sa- babli YalM joriy yoki haqiqiy baholarda ham, narx darajalari va pul birligi kursining o'zgarishini hisobga oladigan narxlarda ham hisoblanadi. Shu munosabat bilan YalM nominal va real turlarga ajratiladi.[66]

Nominal YalM amaldagi yoki joriy narxlarda hisoblansa, real YalM inflatsiya va pul birligi

---

[66] To'xliyev N., Haqberdiyev Q., Ermamatov Sh., Xolmatov N. 0 'zbekiston iqtisodiyoti asoslari. - T.: « 0 'zME», 2018. - 280 b

kursini hisobga olib aniqla- nadi. Nominal va real YalM o'rtasidagi nisbat esa yalpi ichki mahsulot deflatori deb yuritiladi. Yalpi ichki mahsulot bilan birga yalpi milliy mahsulot (YaMM) ko'rsatkichi ham qo'llaniladi. YaMM - keng tarqalgan umumlashtiruvchi makroiqtisodiy ko'rsatkichlardan biri bo'lib, mamlakat tomonidan muayyan davr (odatda, bir yil) ichida ish- lab chiqarilgan pirovard mahsulotlar va xizmatlaming bozor bahosidagi qiymatlari yig'indisini ifodalaydi. YaMM tarkibiga mamlakatda va ushbu mamlakatga tegishli ishlab chiqarish omillaridan foydalanib ishlab chiqarilgan xorijdagi mahsulot va xizmatlar qiymati ham kiritiladi. 1993-yildan boshlab yangi Milliy hisoblar tizimiga ko'ra yalpi milliy mahsulot yalpi mil- liy daromad (YaMD) deb yuritila boshlandi.

YalM va YaMD o'rtasidagi farq quyidagilardan iborat:

1. YalM mamlakat hududida joylashgan korxonalarning qaysi mamlakatga tegishli ekanligidan qat'i nazar, ular tomonidan ishlab chiqarilgan pirovard tovar va xizmatlaming bozor qiymatlari yig'indisini o 'zida aks ettiradi. Boshqacha qilib aytganda, YalMni hisoblash asosiga hududiy tamoyil qo'yilgan.

2. YaMD milliy korxonalar qayerda joylashganligidan qat'i nazar, ular tomonidan ishlab chiqarilgan pirovard tovar va xizmatlaming bozor qiymati yig'indisini ifodalaydi.

Shundan kclib chiqqan holda YaMD hajmi YalM hajmidan xorijda ushbu mamlakat resurslaridan foydalanish evaziga olingan omilli da- romadlar (yollanma ishchilar daromadlari, renta daromadlari, ssuda foizi, firmalar foydalari)dan xorijliklar tomonidan olib chiqib ketilgan xuddi shunday daromadlar qiymatini chegirib tashlangandan keyingi qolgan qiymatga farq qiladi. Shu sababli YaMDni hisoblash uchun YalM qiymatiga xorijda mam- lakat korxonalari va jismoniy shaxslari tomonidan olingan foyda va daromadlar bilan ushbu mamlakatda xorijiy investorlar va xorijiy ishlovchilar tomonidan olingan foyda va daromad- lar o'rtasidagi farq qo'shiladi.

Agar farq ijobiy bo'Isa, YaMD hajmi YalMdan ko'p bo'ladi va aksincha. Bunday farq bozor iqtisodiyoti rivojlangan mamlakatlar uchun 1 foiz atrofida ku- zatiladi. Shuni alohida ta'kidlash lozimki, MHTda yalpi ichki mahsu- lot birlamchi iqtisodiy ko'rsatkich sifatida qabul qilingan.

Yalpi ichki mahsulotni ishlab chiqarish jarayonida, daromad- laming hosil bo'lishi jarayonida va daromadlardan foydalanish jarayonida kuzatish mumkin. Ishlab chiqarish jarayonida yalpi ichki mahsulot rezidentlar tomonidan tovar va xizmatlami ish- lab chiqarish jarayonida qaratilgan qo'shilgan qiymatni tavsif- laydi.

Daromadlar hosil bo'lish jarayonida yalpi ichki mahsulot ishlab chiqaruvchilaming ishlab chiqarish jarayonida olgan va ishlab chiqarish qatnashchilari orasida taqsimlanadigan birlam- chi daromadlarini ifodalaydi.

Daromadlardan foydalanish jarayonida YalM milliy iqti- sodiyot sektorlari tomonidan pirovard iste'mol va jam g'arish miqdorlari sof eksportini ifodalaydi. Shulardan kelib chiqqan holda yalpi ichki mahsulot uch xil usulda aniqlanadi:

- ishlab chiqarish usuli;
- taqsimlash usuli;
- pirovard foydalanish usuli.

YalM ni qo'shilgan qiymatlar yig'indisi sifatida aniqlash - ishlab chiqarish usuli deb yuritiladi. Bu usulda YalM ni hiso- blashning umumiy ko'rinishi quyidagicha:

YalM = yalpi qo'shilgan qiymat + tovarlar va importga soliqlar - tovarlar va importga subsidiyalar

Ko'rinib turibdiki, yalpi qo'shilgan qiymat YalM ning asosiy tashkil etuvchisi hisoblanadi. Yalpi qo'shilgan qiymat yalpi ishlab chiqarish bilan oraliq mahsulot o'rtasidagi farq sifatida aniqlanadi. Oraliq mahsulot deganda joriy ishlab chiqarish maqsadlarida xo 'jalik yurituvchi subyektlar tomonidan mate- rial resurslari va xizmatlar sotib olishga sarflangan xarajatlar tushuniladi.[67]

Agar yalpi ichki mahsulotdan amortizatsiya xarajatlarini chegirib, unga xorijdan birlamchi daromadlar tushumi saldosini qo'shsak, milliy daromad hosil bo'ladi.

MD = YalM - amortizatsiya + xorijdan birlamchi daromadlar tushumi qoldig'i.

Taqsimlash usulida hisoblashda YalM tarkibiga ishlab chiqarish birliklari - rezidentlar tomonidan taqsimlangan birlamchi daromadlaming quyidagi turlari kiradi: yollanib ishlovchilar- ning ish haqlari, ishlab chiqarish va importga sof soliq (ishlab chiqarish hamda importga soliq minus ishlab chiqarish va im- portga subsidiyalar), yalpi foyda.

YalM = yollanib ishlovchilarning ish haqlari + ishlab chiqarish va importga sof soliq + yalpi foyda.

Yollanib ishlovchilaming ish haqlari joriy davrda bajarilgan ish uchun yollanib ishlayotgan ishlovchiga ish beruvchi tomo- nidan to'lanadigan pul va natura ko'rinishidagi mukofot. U ikkita qismdan iborat bo'ladi:

- ish haqi;

---

[67] To'xliyev N., Haqberdiyev Q., Ermamatov Sh., Xolmatov N. 0 'zbekiston iqtisodiyoti asoslari. - T.: « 0 'zME», 2018. - 280 b

- ish beruvchilaming ijtimoiy sug'urtaga o'tkazmalari.

Bu usulda milliy daromadni aniqlash uchun YalM dan boshqa mamlakatlarga berilgan birlamchi daromadlar ayrilishi va boshqa mamlakatlardan olingan daromadlar qo'shilishi lozim.

Yalpi ichki mahsulotni pirovard foydalanish usulida hisob- lash uchun quyidagi elementlar yig'indisi topiladi: tovar va xiz- matlaming oxirgi iste'moli, yalpi jam g'arish, tovar va xizmat- laming eksporti va importi qoldig'i. YalM = tovar va xizmatlarning oxirgi iste'moli + yalpi jamg'arish + tovar va xizmatlarning eksporti va importi qoldig'i. Tovar va xizmatlarning pirovard iste'moli deganda ulardan aholining shaxsiy ehtiyojlari va jamiyatning jamoa ehtiyojla- rini butunligicha qondirishi tushuniladi. Ulami qondirish uchun qilingan xarajatlami iqtisodiyotning quyidagi uchta sektori in- stitutsional birliklari qoplaydilar: uy xo'jaliklari, davlat muas- sasalari va uy xo 'jaligiga xizmat ko'rsatuvchi notijorat tashkilotlari.

3.3. Iqtisodiyotning taraqqiy etishida makroiqtisodiy proporsiyalar ta'siri

Milliy iqtisodiy tizim komponentlarining tuzilishi soha- lar, tarmoqlar, ishlab chiqarish majmualarini tashkil etsa, ular o 'rtasidagi munosabat, ulaming o'zaro ta'siri milliy iqtisodiyot tarkibini ifodalaydi. Tarkibiy nisbatlar proporsiyalami tashkil etadi. Taraqqiyot davomida mazkur proporsiyalami oqilona da- rajada saqlab turish milliy iqtisodiyotning muhim tarkib hosil qiluvchi omili hisoblanadi. Iqtisodiy tizim komponentlari rivojlanishida mutanosiblikka amal qilish ushbu tizimning bir bu- tunligini, yaxlitligini ta'minlaydi. Mutanosiblik - har qanday tizim (texnik, iqtisodiy, ijtimoiy) rivojlanishining qonuni hisoblanadi. Milliy iqtisodiyotning makrotarkibi o'z ichiga quyi tizim- lar, komponentlar majmuasini oladi. Bu quyi tizimlar ko'p yil- lik xo'jalik amaliyoti davomida turli tasnifiy belgilar asosida tarkibiy tuzilmalarga integratsiyalashadilar. Bunday tasnifiy belgilar jumlasiga sektorli, takror ishlab chiqarish, tarmoq, in- stitutsional, ijtimoiy va boshqalar kiradi.

Milliy hisoblar tizimi amaliyotiga ko'ra, iqtisodiyot tarmoqlarini uchta sektor bo'yicha tahlil qilish lozim:

- birlamchi (bu sektorda tabiiy resurslami ishlab chiqarish, qazib olish va iste'mol qilish bilan bog'liq tarmoqlar kiradi);

- ikkilamchi (sanoatning qayta ishlovchi tarmoqlari kiradi);

- uchlamchi (transport xizmatlari, kommunal xo 'jalik, quri- lish, savdo, mudofaa, davlat boshqaruvi va boshqalar).

Ilmiy adabiyotlarda va xorijiy amaliyotda iqtisodiyotning real sektori va pul (moliya) sektori tushunchalaridan foydalani- ladi. Iqtisodiyotning real sektori yalpi ichki mahsulot hajmi bi- lan aniqlansa, pul sektori ichki tovar almashinuvi uchun zarur bo'lgan pul miqdori bilan aniqlanadi. Bu sektorlar subyekt- lar va pul oqimlari o'rtasidagi barqaror bog'liqlikni ifodalab, birgalikda daromadlar va xarajatlaming doiraviy aylanishini o'zida aks ettiradi. Milliy iqtisodiyot tarkibini o'rganishda uning takror ishlab chiqarish, tarmoq, texnologik, mintaqaviy, institutsional, ijtimoiy tarkibini tahlil qilish muhim ahamiyatga ega.

Iqtisodiyotning takror ishlab chiqarish tarkibi makro- darajada yalpi ichki mahsulot takror ishlab chiqarish bosqichlari o'rtasidagi o'zaro nisbatlami tahlil qilish uchun ilmiy muoma- laga kiritilgan bo'lib, uning tarkibiy qismlari o'zgarishlarining yo'nalishlarini o'zida aks ettiradi. Bu oʻzgarishlar jamiyatning ijtimoiy yoʻnalganlik darajasi toʻgʻrisida, ishlab chiqarish- ning ortiqcha resurs sigʻimligiga barham berish, isteʼmol va jam gʻarish dinamikasi va shunga muvofiq ravishda milliy iqtisodiyotni yangilashning investitsiya imkoniyatlari va eksportga yoʻnalganlik darajasi haqida tasavvur beradi.

Iqtisodiyotning tarmoq tarkibi tarmoqlararo nisbatlar dina- mikasi, ustuvor tarmoqlaming samaradorlik nuqtayi nazaridan oʻsishi, ijtimoiy yoʻnalganligi, ilmtalabligi, resurslami tejash, aholining ekologik himoyalanganligini kuzatish imkonini beradi.[68]

Iqtisodiyotning texnologik tarkibi ushbu ustuvor yoʻnalish-lami anʼanaviy va eng yangi texnologiyalar oʻrtasidagi oʻzaro nisbat dinamikasi toʻgʻrisidagi, ilmtalab yuqori texnologiyalar- ning iqtisodiyotga joriy etilish hajmi toʻg ʻrisidagi maʼlumotlar bilan aniqlashtiradi, toidiradi.

Milliy iqtisodiyotning mintaqaviy (hududiy) tarkibi ishlab chiqarishni, ayniqsa, ijtimoiy infratuzilmani joylashtirish va kompleks rivojlantirishda muhim proporsiyalami oʻzida aks ettiradi.

Institutsional tarkib ishlab chiqarishni tashkil etish va boshqarish shakllarini, shuningdek, xoʻjalik yurituvchi sub-yektlar xatti-harakatining madaniy qadriyatlar meʼyorlari va stereotiplarini tavsiflaydi.

Iqtisodiyotning ijtimoiy tarkibi muhim iqtisodiy belgi- lar (mulk, daromadlar, malaka va boshqalar) boʻyicha gu- ruhlashtirilgan ijtimoiy guruhlar toʻplamini, shuningdek, ularning nisbiy dinamikasini oʻzida aks ettiradi. Yuqorida keltirilgan barcha iqtisodiy tarkib turlari iqti- sodiyotning bir butunligini shakllantiradi,

---

[68] Toʻxliyev N., Haqberdiyev Q., Ermamatov Sh., Xolmatov N. 0 ʻzbekiston iqtisodiyoti asoslari. - T.: « 0 ʻzME», 2018. - 280 b

uning unsurlari- ning o'zaro ta 'sirini ifodalaydi. Bu unsurlar o'z xarakteriga ko'ra tabiiy, texnologik, iqtisodiy, ijtimoiy, siyosiy, psixologik, sotsio-madaniy, tarixiy, konfessional bo'ladi. Iqtisodiy tizimning tarkibiy elementlari uning faoliyat ko'rsatishi va rivojlanishi jarayonida zaruriy proporsiyalami saqlab turadi. Oqilonalik (optimallik) mezonlari bo'yicha makroiqtisodiy proporsiyalarga baho berish mamlakat iqtisodiy faoliyatining samaradorligi va iqtisodiyot tarkibida yuz bera- yotgan o'zgarishlar yo'nalishlari to'g'risida mulohaza yuritish imkonini beradi. Ta'kidlash joizki, asosiy makroiqtisodiy proporsiyalar milliy darajada shakllanadi. Ular yalpi ichki mahsulot va uning unsur- lari: pirovard iste'molga sarflangan xarajatlar, yalpi jam g'arish va tashqi savdo saldosi harakatini tavsiflaydi. Agar takror ishlab chiqarish nisbatlari pirovard iste'mol foydasiga o'zgarsa, u holda asosiy kapitalga, uni yangilashga kiritiladigan inves- titsiyalar hajmi kamayadi. Bu, o'z navbatida, ishlab chiqarishning texnologik bazasi rivojlanishining pasayishiga,mistiqbolda esa ishlab chiqarish salohiyatining pasayishiga olib keladi. Bu- ning oqibatida pirovard iste'mol hajmi qisqaradi. Takror ishlab chiqarish jarayonining mo'tadil harakati, eksport va importga m o'ljallangan tarmoqlar rivojlanishi dinamikasi eksport va import o'rtasidagi nisbatga, ulaming hajmi va tarkibiga bog'liq. Shuni alohida ta'kidlash lozimki, bugungi kunda milliy iqtisodiyot rivojlanishining ustuvor yo'nalishlaridan biri eksportga yo'nalgan bo'lishi kerak.[69]

Milliy iqtisodiyot, iqtisodiy siyosat uchun ishlab chiqarish tarkibi va iste'mol tarkibi o'rtasidagi, shuningdek, ishlab chiqa- rish va iste'mol o'rtasidagi proporsiyalar muhim

---

[69] Vaxabov A.V., Tadjibayeva D.A., Xajibakiyev Sh.X. «Jahon iqtisodiyoti va xalqaro iqtisodiy munosabatlar». - T.: Baktria-press, 2019. - 548 b

ahamiyat kasb etadi. Ishlab chiqarish hajmida ishlab chiqarish vositalarining ustun o'ringa ega bo'lishi natijasida vujudga keladigan nomu- tanosiblik, sobiq Ittifoq tajribasi ko'rsatganidek, aholi turmush darajasining pasayishiga olib keladi. Yuqori texnologiyali tarmoqlarga nisbatan progressiv proporsiyalarga amal qilish lozim, chunki iqtisodiyot tarkibi material va energiya sig'imi yuqori ishlab chiqarish turlari evaziga «og'irlashmoqda». Iste'mol tarkibi tovarlar, xizmatlar, oziq-ovqat mahsulotlarining oqilona iste'mol m e'yorlari yo'nalishida o'zgarib borishi lozim.

Makroiqtisodiy darajada real va pul sektori o'rtasidagi nis- batlami tartibga solish alohida ahamiyat kasb etib, ular bir-biri- ga nisbatan qarama-qarshi birlikda joylashgan bo'ladilar. Ush- bu sektorlaming biriga yetarli darajada baho bermaslik yoki ahamiyatining pasaytirilishi tarkibiy nomutanosibliklarga va aholi turmush darajasining pasayishiga olib keladi. Jami talab va jami taklif o'rtasida muvozanatli nisbatga erishish zaruriyati aynan shu holat bilan tushuntiriladi.

Birlamchi, ikkilamchi va uchlamchi sektorlar o'rtasidagi, shuningdek, tovar va xizmatlar ishlab chiqarish o'rtasidagi nomutanosibliklar milliy iqtisodiyot uchun jiddiy oqibatlarga olib kelishi mumkin. Iqtisodiyot tarkibida xizmatlar ulushining o'sib borishi bugungi kunda ijobiy holat hisoblanadi.

3.4. Makroiqtisodiy barqarorlik va iqtisodiy o'sish ko'rsatkichlari

Makroiqtisodiy barqarorlikka erishish iqtisodiy o'sishning, iqtisodiy inqirozni bartaraf etishning muhim sharti hisobla- nadi. Odatda, makroiqtisodiy barqarorlik deganda iqtisodiy inqirozga barham berish, iqtisodiy taraqqiyotni ifodalovchi ko'rsatkichlami muayyan darajada saqlab turish, umuman ol- ganda, iqtisodiyotni sog'lomlashtirish tushuniladi.

Makroiqtisodiy barqarorlikka qanday qilib erishiladi? Iqtisodiy adabiyotlarda makroiqtisodiy barqarorlikka erishish bo'yicha ikki xil nazariy yondashuv shakllangan: yangi klassik va keynscha.

Yangi klassiklar bozor iqtisodiyotining o'zi makroiqtisodiy barqarorlikni ta'minlaydi va unga davlatning aralashuvi shart emas, deb hisoblaydilar. Ulaming fikricha, mehnat bozori, narx va jami xarajatlaming davlat tomonidan tartibga solinishi mak- roiqtisodiy barqarorlikka zarar yetkazadi.[70]

Keynschilar esa makroiqtisodiy barqarorlikka faqat bozor mexanizmi orqali erishish mumkinligini rad etadilar. Keynschilar makroiqtisodiy barqarorlikni ta'minlash uchun ichki narxlami muayyan chegarada ushlab turish, milliy valuta qadrini mustahkamlashga qaratilgan pul-kredit va moliya siyo- sati tadbirlarini amalga oshirish, ishlab chiqarishni o'stirish va bandlikni ta'minlash uchun qulay makroiqtisodiy muhitni bar- po etish lozim deb hisoblaydilar.

Qanday bo'lganda ham har bir mamlakat uchun makroiqti- sodiy barqarorlik zarur. Makroiqtisodiy barqarorlik kelgusida iqtisodiy o'sish va yuksalish uchun muhim bosqich hisobla- nadi. Bu maqsadga erishish uchun, avvalo, YalM ishlab chiqa- rishning pasayishi to'xtatiladi. Keyinchalik YalM va yalpi sano- at mahsuloti ishlab chiqarish hajmi bo'yicha barqaror o'sish ta'minlanadi. Agar YalM ishlab chiqarish hajmining o'sish sur'atlari aholi soni o'sish sur'atlaridan ustun bo'lishiga eri- shilsa, yanada yaxshi bo'ladi. Ijtimoiy ishlab chiqarish hajmi- ning o'sishi iqtisodiyotda band bo'lganlar sonining oshishi, inflatsiyaning

---

[70] Vaxabov A.V., Tadjibayeva D.A., Xajibakiyev Sh.X. «Jahon iqtisodiyoti va xalqaro iqtisodiy munosabatlar». - T.: Baktria-press, 2019. - 548 b

past darajasi, YalM hajmida jam g'arish va investitsiya ulushining o'sishi va boshqa sifat ko 'rsatkichlar bilan birga kechishi lozim.[71]

Makroiqtisodiy barqarorlikka erishish kelgusida iqtisodiy o'sish uchun muhim zamin hozirlaydi. Har qanday milliy iqti- sodiyot kengaytirilgan takror ishlab chiqarish, ya'ni o'tgan yil- ga nisbatan ko'proq mahsulot va xizmatlar ishlab chiqarishni o'z oldiga maqsad qilib qo'yadi. Yildan yilga aholi sonining ko'payishi, kishilar ehtiyojlarining ortib borishi kengaytirilgan ishlab chiqarishni shart qilib qo'yuvchi asosiy sabablardan hi- soblanadi. Aynan kengaytirilgan takror ishlab chiqarish dinami- kasi iqtisodiy o'sishning mohiyatini tashkil etadi.

Jamiyatdagi ijtimoiy, iqtisodiy va boshqa barcha muammo- lami hal qilishning asosiy yo'li - bu milliy iqtisodiyotning barqaror rivojlanishi va iqtisodiy o'sishga erishishdir. Aholi farovonligining oshib borishi ham pirovard natijada iqtisodiy o'sish darajasi va sur'atlariga bog'liq.

Iqtisodiy o 'sish bevosita yalpi ichki mahsulot hajmining mutlaq va aholi jon boshiga hamda iqtisodiy resurs xarajatla- rining har bir birligi hisobiga o'sishi, sifatining yaxshilanishi va tarkibining takomillashuvida ifodalanadi. Iqtisodiy o'sishni YalM mutlaq hajmining ortishi orqali yoki aholi jon boshiga real YalM miqdorining ortishi orqali o'lchash uning qanday maqsadda amalga oshirilayotganiga bog'liq bo'ladi. Odatda, biror-bir mamlakat iqtisodiy o'sishini YalM mutlaq hajmining ortishi orqali o'lchash uning iqtisodiy salohiyatini baholashda, aholi jon boshiga real YalM miqdorining ortishi orqali o'lchash esa mamlakatdagi turmush darajasini taqqoslashda qo'llaniladi.

---

[71] Vaxabov A.V., Tadjibayeva D.A., Xajibakiyev Sh.X. «Jahon iqtisodiyoti va xalqaro iqtisodiy munosabatlar». - T.: Baktria-press, 2019. - 548 b

Ta'kidlash lozimki, iqtisodiy o'sishga baho berishda har ikkala ko'rsatkich ham muhim ahamiyatga ega. Iqtisodiy o'sish muammosini o'rganish natijasida real ishlab chiqarish tizimi duch keluvchi - cheklangan resurslardan samarali foydalanish muammosiga yechim topiladi. Demak, iqtisodiy o'sish omillari va ular samaradorligini o'rganish hamda tahlil qilish jamiyat oldidagi eng dolzarb muammolardan biridir.

Iqtisodiy o'sishga doir muammolardan biri uzluksiz va barqaror iqtisodiy o'sishga erishish hisoblanadi. Barqaror iqti- sodiy o'sish deganda, asosiy ko 'rsatkichlaming qator yillar davomida uzluksiz o'sishi tushuniladi. Agar YalM ning o'sishi uch yil davomida muttasil kuzatilsa, iqtisodiy o'sish barqaror hisoblanadi. Iqtisodiy o'sishning tashqi va ichki omillari mavjud. Ichki omillar o'ziga moddiy ne'mat va xizmatlar ishlab chiqarish va iste'molni qamrab oladi. Ular jumlasiga aholi va mehnat resurs- lari, tabiiy resurslar, innovatsiya va ishlab chiqarish imkoniyat- lari, investitsiyalar, institutsional iqlim va boshqalar kiradi.

Iqtisodiy o'sishning tashqi omillariga xalqaro mehnat taqsimoti, globallashuv jarayonlari kiradi. Keymgi omil, ayniqsa, ziddiyatli kechadi. Globallashuv milliy iqtisodiyot qiyofasiga jiddiy o'zgarishlar kiritadi. Bu jarayonda, bir tomondan, ishchi kuchining xalqaro migratsiyasi kuchayadi, mamlakatga arzon tovarlaming kirib kelish hajmi ortadi, natijada milliy iqtisodi- yotning ayrim tarmoqlarida iqtisodiy o'sishga to'siq paydo bo'ladi. Ikkinchi tomondan, xorijdan zamonaviy texnologiya, investitsiya va kreditlami jalb qilish imkoniyatining oshishi iqtisodiy o'sishni rag'batlantiradi.

Albatta, barqaror iqtisodiy o'sishga barcha omillardan samarali foydalanish evaziga erishiladi. Shu bilan birga, yangi texnologik sharoitda ulardan ustuvorlarini e'tiborga olish muhim ahamiyatga ega. Shu o'rinda xalqaro mehnat taqsimoti va ixtisoslashuvining chuqurlashuvi natijasida globallashuv jarayonlarining keng quloch yoyishi sharoitida barqaror iqtisodiy o'sishni ta'minlashda tabiiy resurslar omilining o'mi va ahamiyati pasayib borayotganligini ta'kidlash lozim. Jahon amaliyoti shuni ko'rsatadiki, boy resurslarga ega bo'lgan mamlakatlar amalda ijtimoiy-iqtisodiy rivojlanishning yuqori nuqtasiga erisha olmaydilar. Ular tabiiy resurslami xomashyo yoki yarimtayyor mahsulot sifatida sotish yo'liga o'tib oladilar. Shu vaqtning o'zida tabiiy resurslar taqchil mamlakatlar (Yapo- niya, Janubiy Koreya, Isroil, Shveysariya) resurslami te- jaydigan texnologiyalami ishlab chiqarishga joriy qilish, ilm- talab ishlab chiqarish, qayta ishlash sanoatining ilg'or tarmoq- larini rivojlantirishga erishadilar. Masalan, Rossiyadagi neft, 0'zbekistondagi paxta eyforiyasi esa boshqa sohalami rivojlan- tirishga to'sqinlik qilgan edi.

    Shunday qilib, iqtisodiy o'sishning muhim sharti tabiiy resurslaming mavjudligi emas, balki ulardan samarali foy- dalanish usullarini maqsadga muvofiq uyg'unlashtirishga eri- shish orqali ishlab chiqarishni takomillashtirib borish hisobla- nadi. Ekstensiv iqtisodiy o'sish o'z imkoniyatlarini borgan sari tugallab borayotganligini unutmaslik lozim. Shu sababli iqti- sodiy o'sishning intensiv usulidan ustun darajada foydalanish, fan-texnika taraqqiyotining eng yangi natijalarini ishlab chiqa- rishga joriy etish lozim. Zero, bilimlar iqtisodiyoti sharoitida, axborot asrida jadal iqtisodiy o'sishni ta'minlashning asosini inson kapitali, yuqori malakali mutaxassislami tayyorlash va ulami qo'llab-quvvatlash, innovatsiya resurslaridan samarali foydalanish, investitsiyalami ilmtalab va yuqori texnologiyali ishlab chiqarish tarmoqlariga jalb qilish, xalqaro mehnat taqsi- motiga faol integratsiyalashuv kabi omillar tashkil etmoqda.

IV BOB. O'ZBEKISTON IQTISODIYOTINING RIVOJLANISHIDA MINTAQALAR RIVOJLANISH TENDENSIYALARI

4.1. Mintaqa - milliy iqtisodiyotning muhim tarkibiy qismi

Milliy iqtisodiyotda ishlab chiqarish va ijtimoiy soha majmualari bilan birga mintaqaviy ijtimoiy-iqtisodiy majmualar ham faoliyat ko'rsatadi. Bu majmualaming shakllanishi alohida hududlar ishlab chiqarish kuchlarining rivojlanishi uchun tabiiy va ijtimoiy-iqtisodiy shart-sharoitlar va omillaming mavjudligi bilan izohlanadi. Mintaqaviy ijtimoiy-iqtisodiy majmua respublika ichki mintaqalarining shakllanishi uchun obyektiv asos yaratuvchi, barqaror iqtisodiy munosabatlar o'matilgan ko'plab obyektlar- dan iborat murakkab, dinamik rivojlanuvchi tizimdir. Mintaqa lotincha «region» so'zidan olingan bo'lib, joy, o'lka, aniq hudud kabi ma'nolami anglatadi.

Ijtimoiy-iqtisodiy tizim sifatida mintaqa hududiy mehnat taqsimoti jarayonida ajralib chiqqan mamlakat hududining bir qismi bo'lib, u yoki bu tovar va xizmatlami ishlab chiqarishga ixtisoslashuvi, takror ishlab chiqarish jarayonining umumiyli- gi va boshqa hududlarga nisbatan o'ziga xosligi, xo 'jaligining majmuaviy va yaxlit xarakterga ega ekanligi, mintaqa oldida turgan vazifalami hal etishni ta'minlovchi boshqaruv organlar- ining mavjudligi bilan tavsiflanadi. Bunday hududiy birliklarga iqtisodiy rayonlar, respublikalar, viloyatlar va shaharlami kiritish mumkin. Ular mamlakatni ijtimoiy-iqtisodiy va siyosiy boshqarish zanjirida bir-biri bilan o'zaro bog'liq halqalar tizimini tashkil etadi.

Iqtisodiy rayon mamlakatning hududiy yaxlit qismi boiib, muayyan hududda mavjud barcha tarmoqlar va ishlab chiqa- rish turlarini o'zida birlashtiradi, tegishli ishlab chiqarish ixtisoslashuviga, barqaror ichki ijtimoiy-iqtisodiy aloqalarga ega boiadi. Mamlakatning ma'muriy-hududiy boiinishida va milliy iqtisodiyotning hududiy tarkibini tahlil qilishda iqtisodiy rayonlashtirish muhim o'rin tutadi.

O'zbekistonda mintaqalar sifatida Qoraqalpog'iston Respublikasi, viloyatlar va Toshkent shahrini ko'rsatish mumkin, chunki aynan ularda m a'muriy-boshqaruv tizimi va ulami kompleks ijtimoiy-iqtisodiy rivojlantirish imkoniyati mavjud. Shu sababli ular davlat mintaqaviy siyosatining asosiy subyektlari hisoblanadi. Iqtisodiyotni hududiy jihatdan tashkil etish hududda ish- lab chiqarish va mehnatni jalb etish turlarining turli shakllarda uyg'un holda faoliyat ko'rsatishiga asoslangan ishlab chiqar- ish kuchlari unsurlari o'zaro ta'sirining ko'p darajali tizimidir. Ulaming mintaqalarda oqilona tarzda birlashishi tabiiy, mehnat va moliyaviy resurslardan samarali foydalanishga olib keladi.[72] Mintaqada ishlab chiqarish kuchlari unsurlari turli darajada birlashadi, iqtisodiy aloqalar va munosabatlar esa turli darajada lokallashadi. Bu - mamlakat iqtisodiyotining umumiy tuzilmasi tarkibida bevosita takror ishlab chiqarishning mintaqaviy jihat- lari bilan bogiiq iqtisodiy munosabatlami ajratish imkonini be- radi. Ushbu munosabatlar va aloqalar yigindisi iqtisodiyotning hududiy tarkibini tashkil etadi.

Iqtisodiyot hududiy tarkibining asosi ishlab chiqarishni joylashtirish hisoblanadi va u hududiy mehnat taqsimotining rivojlanishi va chuqurlashuvi natijasi sifatida namoyon boiadi.

Iqtisodiyotning hududiy tarkibi tarmoq tarkibi bilan uzviy bog'liq, chunki har bir tarmoq, korxona

---

[72] Vaxabov A.V., Tadjibayeva D.A., Xajibakiyev Sh.X. «Jahon iqtisodiyoti va xalqaro iqtisodiy munosabatlar». - T.: Baktria-press, 2019. - 548 b

yoki ishlab chiqarish aniq hududda faoliyat ko'rsatadi, o'zining hududiy joylashuvi- ga ega bo'ladi, ular o'rtasidagi iqtisodiy aloqalar esa tarmoqlar, korxonalar joylashgan mintaqalar o'rtasidagi aloqalar sifatida namoyon bo'ladi. Mintaqa ijtimoiy-iqtisodiy obyekt sifatida tarmoqdan bir qator xususiyatlari bilan farq qiladi. Eng avvalo, mintaqaning farqli jihati shundan iboratki, unda moddiy ne'matlar ishlab chiqarish, ulami taqsimlash, ayirboshlash va iste'mol qilishni o'z ichiga qamrab olgan xo'jalikning turli tarmoqlari o'zaro birlashadi. Demak, mintaqa xo'jalik majmuasi sifatida tarmoq- qa nisbatan murakkab tuzilma hisoblanadi. Aynan mintaqa doirasida iqtisodiyotni tarkibiy jihatdan qayta qurish, tabiiy va mehnat resurslaridan oqilona foydalanish masalalarini hal etishga majmuaviy tarzda yondashish mumkin.

Agar tarmoqlar tor ishlab chiqarish vazifalarini hal etish- ga asosiy e'tibomi qaratsalar, mintaqa oldiga tarmoqlar, ishlab chiqarish va ijtimoiy infratuzilma rivojlanishini o'zaro bog'lash, iqtisodiy va ijtimoiy rivojlanishni muvofiqlashtirish masalalari qo'yiladi.

Iqtisodiyotning hududiy tarkibi shakllanishi ko'plab omil- lar ta'sirida yuz beradi. U mamlakatning ijtimoiy-iqtisodiy ri- vojlanish darajasi va jahon xo'jalik aloqalarida tutgan o'rniga bevosita bog'liq. Iqtisodiyotning hududiy tarkibi shakllanishi- ga ta'sir etuvchi muhim omillar jumlasiga mineral xomashyo, yoqilg'i-energetika, suv, o'rmon va yer resurslari, mehnat resurslari, iqtisodiy va ilmiy-texnika salohiyati, ishlab chiqa- rish va ijtimoiy infratuzilma, aholining joylashishi va boshqalar kiradi.

4.2. Iqtisodiy rayonlaming O'zbekiston iqtisodiyotida tutgan o'rni

Bugungi kunda 0 'zbekiston hududini iqtisodiy rayonlarga ajratish bo'yicha yagona yondashuv mavjud emas. Ayrim iqtisodchi-olimlar fikricha, respublikani 6 ta iqtisodiy rayonga ajratish maqsadga muvofiq:

1. Toshkent (Toshkent shahri va Toshkent viloyati).

2. Farg'ona (Farg'ona, Andijon va Namangan viloyatlari).

3. Zarafshon (Buxoro, Navoiy va Samarqand viloyatlari).

! 4. MirzachoT (Sirdaryo va Jizzax viloyatlari).

5. Janubiy (Qashqadaryo va Surxondaryo viloyatlari).

6. Quyi Amudaryo (Qoraqalpog'iston Respublikasi va Xorazm viloyati).

Ba'zi manbalarda Zarafshon iqtisodiy rayoni Markaziy, Quyi Amudaryo iqtisodiy rayoni Orolbo'yi nomi bilan ataladi. Shu bilan birga 0 'zbekistonda iqtisodiy rayonlashtirishning quyidagi tasnifi ko'proq qoTlanilmoqda:

1. Toshkent iqtisodiy rayoni.

2. Jizzax - Sirdaryo iqtisodiy rayoni.

3. Farg'ona iqtisodiy rayoni.

4. Samarqand - Qashqadaryo iqtisodiy rayoni.

5. Buxoro - Navoiy iqtisodiy rayoni.

6. Quyi Amudaryo iqtisodiy rayoni.

7. Surxondaryo iqtisodiy rayoni.

0 'zbekiston iqtisodiyotida respublika mintaqalarining tutgan o'mi va roliga baho berish uchun ulaming jami aholi soni va ijtimoiy-iqtisodiy rivojlanishning asosiy ko'rsatkichlaridagi salmog'ini tahlil qilish lozim.
Bu iqtisodiy rayonlarning iqtisodiy rivojlanishi darajalari- ning qiyosiy tavsifi jadvalda keltirilgan. Toshkent iqtisodiy rayoni o'z ichiga Toshkent shahri va Toshkent viloyatini olib, iqtisodiy rivojlanish darajasining nisbatan yuqoriligi, mineral-xomashyo resurslariga boyligi, aho- lining zich joylashganligi, qulay iqtisodiy-geografik holati (Markaziy Osiyoga va undan Rossiyaga chiqadigan transport yo'lagi), poytaxt mintaqasi maqomi bilan ajralib turadi. Tosh- kent mintaqasining maydoni 15,6 ming kv.m bo Tib, respublika hududining 3,5 foizini tashkil etadi. 2017-yil 1-yanvar holatiga ko'ra mintaqada 5 mln. 253 ming 400 kishi yoki mamlakat aholisining 16,3 foizi istiqomat qiladi.

Qishloq xo'jaligi sertarmoq (paxtachilik, donchilik, kanopchilik, pillachilik, shahar atrofi bog'dorchiligi, sabzavotchilik, go'sht-sut chorvachiligi va boshqalar) va rivojlangan. Toshkent iqtisodiy rayoni mamlakatdagi sanoati rivoj- langan mintaqa hisoblanadi. Sanoatning rivojlanish darajasi mamlakat bo'yicha o'rtacha ko'rsatkichdan ikki marta yuqori turadi. 2016-yilda 0 'zbekistonda ishlab chiqarilgan YalMning 26,1 foizi, sanoat mahsuloti hajmining 36,1 foizi, yalpi qishloq xo'jaligi mahsulotining 12,6 foizi, asosiy vositalarga kiritilgan investitsiyalaming 31,4 foizi, qurilish ishlarining 21,2 foizi, iqtisodiyotda band boTganlaming 19,2 foizi Toshkent iqtisodiy rayoni hissasiga to'g'ri keldi. Bundan tashqari, respublika tashqi savdo aylanmasining 48,9 foizi, mamlakatda ish- lab chiqarilgan iste'mol mollarining 37,2 foizi, chakana savdo aylanma hajmining 32,4 foizi ushbu iqtisodiy rayon hissasiga to'g'ri keladi.

O'zbekistonda mashina va uskuna-jihozlaming katta qis- mini ishlab chiqaradigan mashinasozlik majmuasi mazkur iqti- sodiy rayonda joylashgan. U mamlakatda qora va rangli metal- lurgiya mahsulotlari ishlab chiqarishda asosiy o'rinni egallaydi. 0 'zbekiston metallurgiya kombinatida qora metallar prokati 100 foiz, Olmaliq metallurgiya kombinatida mis va ruxning asosiy qismi, ko'mir qazib chiqarish (96,6 foiz), asosiy kimyo va organik sintez kimyoviy mahsulotlari (mineral o'g'itlaming 39,4 foizi, etil spirtining 36,2 foizi), ko'pgina qurilish materiallari va konstruksiyalar (sementning 40 foizi, shifeming 58.6 foizi, linoleumning 100 foizi, deraza oynasining 23,8 foizi) ishlab chiqariladi. Rayon qudratli qurilish bazasi, zich transport tarmog'iga ega, mamlakatning ilmiy-loyiha va konstruktorlik salohiyati, kadrlar tayyorlash bo'yicha muassasalaming asosiy qismi shu rayonda joylashgan. [73]

Farg'ona iqtisodiy rayoni ma'muriy jihatdan Farg'ona, Andijon va Namangan viloyatlarini o'z ichiga oladi. Maydo- ni 19,2 ming kv. km ga teng bo'lib, bu respublika hududining 4,3 foizini tashkil etadi. 2017-yil boshida iqtisodiy rayonda 9179,7 ming kishi istiqomat qilib, bu mamlakat aholisining 28.6 foizini tashkil etadi. Farg'ona iqtisodiy rayonida yer-suv va mineral xomashyo resurslari g'oyat cheklangan, ammo mintaqa mehnat resurslari- ga boy va mamlakat aholisining eng zich joylashgan hududi hisoblanadi. Rayonni rivojlantirishning asosiy yo'nalishi mavjud qishloq xo'jaligi resurslari xomashyosi (paxta, meva, sabzavot, pilla)ga mo'ljallangan mehnattalab ishlab chiqarish tuzilmasini barpo etishdan iborat. Qishloq xo'jaligi, asosan,

---

[73] Vaxabov A.V., Tadjibayeva D.A., Xajibakiyev Sh.X. «Jahon iqtisodiyoti va xalqaro iqtisodiy munosabatlar». - T.: Baktria-press, 2019. - 548 b

paxtachilikka ixtisoslashgan (yalpi paxta hosilining 26 foizi). Rayonda ipak- chilik, kimyo sanoati (mineral o'g'itlar ishlab chiqarish), neftni qayta ishlash (Farg'ona, Oltiariq), butun Markaziy Osiyoda yagona bo'lgan yengil avtomobil ishlab chiqaradigan «GM- Uzbekistan» qo'shma korxonasi muhim ahamiyatga egadir.

2016-yilda Farg'ona iqtisodiy rayonida 0 'zbekistonda ishlab chiqarilgan YalM hajmining 17,1 foizi, sanoat mahsuloti hajmining 17,4 foizini ishlab chiqardi va bu ko'rsatkichlar bo'yicha Toshkent iqtisodiy rayonidan keyin ikkinchi o'rinda turadi. Yalpi qishloq xo'jaligi mahsulotidagi salmog'i 26,6 foiz- ga teng. Bu ko'rsatkich bo'yicha esa iqtisodiy rayonlar orasida birinchi o'rinni egallaydi. Shuningdek, 2016-yilda mintaqaga chakana savdo aylanma hajmining 22,4 foizi, ishlab chiqaril- gan iste'mol mollarining 22,9 foizi, qurilish ishlarining 16,5 foizi, asosiy kapitalga kiritilgan investitsiyalaming 14,0 foizi, iqtisodiyotda band boiganlaming 28,3 foizi hamda respublika tashqi savdo aylanmasining 12,7 foizi to'g'ri keldi.

Jizzax - Sirdaryo iqtisodiy rayoni respublikaning marka- ziy qismida joylashgan bo'lib, u ma'muriy jihatdan Jizzax va Sirdaryo viloyatlarini o'z ichiga oladi. Maydoni 25,6 ming kv. km ga teng bo'lib, respublika hududining 5,7 foizini tash- kil etadi. 2017-yil boshida mintaqada 2104,1 ming kishi yoki mamlakat aholisining 6,5 foizi istiqomat qildi.

Mirzacho'l va Jizzax cho'llarini o'zlashtirish munosabati bilan bu rayon jadal rivojlandi va muayyan xo'jalik mustaqilligiga ega bo'ldi. Mamlakatda paxta yetishtiruvchi yirik rayon hisoblanadi (yalpi hosilning 25 foizi). Rayon sanoati shaklla- nish bosqichida, uning tuzilmasida paxta tozalash sanoati va issiqlik energetikasining hissasi katta. Jizzax cho'lini yanada o'zlashtirish rayon rivojining asosiy omillaridan biri hisoblana- di. Sanoat-fuqarolik qurilishi uchun yer resurslarining ko'pligi, qulay iqtisodiy-geografik

va transport sharoitlari, Toshkent, Farg'ona, Samarqand - Qashqadaryo iqtisodiy rayonlariga qo'shniligi bu yerda ishlov beruvchi sanoat korxonalarini joylashtirish, aholini zich joylashgan hududlaridan ko'chirib keltirish, istiqbolda erkin iqtisodiy zonani rivojlantirish im- koniyatlarini beradi.
[74]

2016-yil mintaqa 0 'zbekistonda ishlab chiqarilgan YalMning 4,6 foizini, sanoat mahsuloti hajmining 4,9 foizini, qishloq xo'jaligi mahsulotining 8,9 foizini, asosiy vositalarga kiritilgan investitsiyalaming 5,0 foizini, qurilish ishlarining 4,8 foizini berdi.

Shuningdek, mamlakatda ishlab chiqarilgan iste'mol mollarining 5,1 foizi, chakana tovar aylanma hajmining 5,1 foizi hamda respublika tashqi savdo aylanmasining 1,8 foizi ushbu mintaqa hissasiga to'g'ri keladi.

Samarqand - Qashqadaryo iqtisodiy rayoni ma'muriy jihatdan Samarqand va Qashqadaryo viloyatlarini o'z ichiga olib, mamlakatning markaziy qismida joylashgan. Mintaqa 52,9 ming kv. km ga teng bo'lib, mamlakat hududining 11,8 foizini tashkil qiladi. Aholisi 2017-yil boshida 6740,5 ming kishini tashkil etib, bu - respublika aholisining 21,0 foiziga teng.

Uning hududidagi tog'li va tog'oldi adirliklarida qadimiy lalmikor dehqonchilik, bog'dorchilik rivojlangan (jami lalmikor yerlaming 1/3 qismi shu rayonga to'g'ri keladi), ilgari qorako'l qo'ylari boqilgan cho'l zonasida paxtachilik jadal rivojlanmoq- da. Rayon qattiq bug'doy navlari, zig'ir, beda kabi ekinlar, uzum, mayiz, mevalar, ertangi sabzavotlar yetishtiruvchi asosiy hududlardan biriga aylanadi. Rayon tarkibida Qarshi cho'lini o'zlashtirish negizida paxtachilik,

---

[74] To'xliyev N., Haqberdiyev Q., Ermamatov Sh., Xolmatov N. 0 'zbekiston iqtisodiyoti asoslari. - T.: «0 'zME», 2018.

g'allachilik va chorvachilikka yo'naltirilgan Qashqadaryo hududiy-ishlab chiqarish majmuasi shakllangan. Rayonda gaz (Sho'rtangaz majmuasi, Muborak gazni qayta ishlash zavodi), kimyo sanoati, mashinasozlik, metallga ishlov berish kabi sanoat tarmoqlari jadal rivojlanmoq- da. O'zbekistonda qazib olinadigan neftning 95 foizi, tabiiy gazning 95,8 foizi shu rayon hissasiga to'g'ri keladi.

2021-yilda mintaqa O'zbekistonda ishlab chiqarilgan YalM hajmining 13,6 foizini, sanoat mahsuloti hajmining 14,2 foizini, yalpi qishloq xo'jaligi mahsulotlarining 20,2 foizini, asosiy kapitalga kiritilgan investitsiyalaming 18,3 foizini, qurilish ish- larining 16,5 foizini yaratdi. Shuningdek, mintaqaga respub- lika tashqi savdo aylanmasining 7,1 foizi, iqtisodiyotda band bo'lganlaming 19,4 foizi, chakana savdo aylanmasi hajmining 15.6 foizi to'g'ri keldi.[75]

Buxoro - Navoiy iqtisodiy rayoni ma'muriy jihatdan Bu- xoro va Navoiy viloyatlarini o'z ichiga olib, Qizilqum cho'lida joylashgan. Mintaqaning umumiy maydoni 142,1 ming kv. km ga yoki respublika hududining 31,8 foiziga teng va bu ko'rsatkich bo'yicha Quyi Amudaryo mintaqasidan so'ng ikkinchi o'rinni egallaydi. 2021-yil boshida mintaqa hududida 2786,3 ming kishi yoki respublika aholisining 8,7 foizi istiqomat qildi.

Rayon, asosan, gaz, neft, rangli va qimmatbaho metallar, qurilish materiallari uchun xomashyo va boshqa mineral zaxiralarini qazib olish negizida rivojlanmoqda. Navoiy kon- metallurgiya kombinati, Navoiy, Zarafshon (Muruntov), Uchquduq, Tasqazg'an, Gazli sanoat bog'lamlarida oltin qazib olish sano- ati, rangli metallurgiya, kimyo (mineral o'g'itlaming 44 foizi), gaz, qurilish materiallari (sementning

---

[75] 2019 yil 31 oktyabrdagi "Yagona milliy mehnat tizimi» idoralararo dasturiy-apparat kompleksini joriy qilish chora-tadbirlari to'g'risida"gi[75] PQ-4502-son qarori

40,3 foizi) sanoati korxonalari respublika iqtisodiyotida salmoqli oʻringa ega. Qishloq xoʻjaligida paxtachilik, qorakoʻlchilik va rayon ichki ehtiyoj- larini qondiradigan meva-sabzavotchilik asosiy tarmoqlar hisoblanadi. Amu - Buxoro mashina kanali bilan sugʻorish imkoniyatlari bu rayonda sugʻorma dehqonchilikni rivojlantirish imkoniyatlarini cheklaydi.

2021-yilda mintaqa Oʻzbekistonda ishlab chiqarilgan YalM hajmining 10,8 foizini, sanoat mahsuloti hajmining 14,5 foizini, yalpi qishloq xoʻjaligi mahsulotlarining 13,9 foizini, asosiy kapitalga kiritilgan investitsiyalaming 17,3 foizini, qurilish ishlarining 11,2 foizini yaratdi. Shuningdek, mintaqaga respub- lika tashqi savdo aylanmasining 7,2 foizi, iqtisodiyotda band boʻlganlaming 9,9 foizi, chakana savdo aylanma hajmining 10.6 foizi toʻgʻri keldi.

Quyi Amudaryo iqtisodiy rayoni Oʻzbekistonning shimoli gʻarbida, Amudaryoning quyi qismida joylashgan boʻlib, u oʻz tarkibiga Qoraqalpogʻiston Respublikasi va Xorazm viloyatini oladi. Mintaqa hududi respublika maydonining 38,3 foizini egallab, u 171,2 ming kv. km ni tashkil etadi. 2017-yil boshida mintaqada 3594,2 mingdan ziyod kishi istiqomat qildi. Bu - mamlakat aholisining 11,2 foiziga toʻgʻri keldi.

Quyi Amudaryo iqtisodiy rayoni qadimiy sugʻorma dehqon- chilik mintaqasida joylashgan. Rayonda, ayniqsa, Ustyurtda 200 dan ortiq foydali qazilma konlari (tabiiy gaz, temir ru- dasi, fosforitlar, osh tuzi va boshqalar) topilgan. Bu hududda paxtachilik bilan bir qatorda sholichilik, polizchilik, urugʻlik beda, sabzavotchilik rivojlandi. Boy mineral-xomashyo resurlaridan kompleks foydalanish asosida yaqin istiqbolda ikki sanoat rayoni va bir qator sanoat bogʻlamlari paydo boʻladi. Orol dengizining qurib borishi va Orolboʻyining sahroga aylanishi jarayonlari bilan bogʻliq holda vujudga kelgan murakkab ijtimoiy-iqtisodiy vaziyat hududni rivojlantirish istiqbollarini qo'shni Turkmanistonning Toshhovuz viloyati bilan muvofiqlashtirilgan holda hal etishni talab etadi.

2021-yilda mintaqa 0 'zbekistonda ishlab chiqarilgan YalM hajmining 6,9 foizini, sanoat mahsuloti hajmining 6,3 foizini, yalpi qishloq xo'jaligi mahsulotlarining 8,8 foizini, asosiy kapitalga kiritilgan investitsiyalaming 10,4 foizini, qurilish ishlarining 8,1 foizini yaratdi. Shuningdek, mintaqaga respub- lika tashqi savdo aylanmasining 2,2 foizi, iqtisodiyotda band bo'lganlaming 10,1 foizi, chakana savdo aylanmasi hajmining 7,1 foizi to'g'ri keldi. [76]

Surxondaryo iqtisodiy rayoni 0 'zbekistonning eng janu- biy qismida joylashgan bo'lib, ma'muriy jihatdan Surxondaryo viloyatini o'z ichiga oladi. Mintaqa maydoni 20,8 ming kv. km ni tashkil etadi. Bu esa respublika maydonining 4,6 foiziga teng. Mintaqada 2017-yil boshida 2462,3 ming kishi yoki respublika aholisining 7,6 foizi istiqomat qildi.

Rayonning o'ziga xos geografik holati (deyarli hamma tomoni tog'lar bilan o'ralgan) uning iqtisodiyotiga o'z ta 'sirini ko'rsatgan. Iqlimi subtropiklarga yaqin boiganligi sababli rayon paxta, subtropik mevalar, ertangi sabzavot yetishtirishga ixtisoslashgan. Sanoati ko'mir (Sharg'un toshko'mir koni), neft va gaz qazib olish (mahalliy iste'mol uchun) asosida rivojlan- gan. Surxon - Sherobod cho'lida yangi yerlami o'zlashtirish asosida bu hududlami paxtachilik, eksport yo'nalishidagi subtropik mevachilik va ertagi sabzavotchilik rivoj topgan. Aniqlangan foydali qazilma konlarini o'zlashtirish bu hududda kon sanoatini va rangli metallurgiyani rivojlantirish imkoniyatlarini yaratdi. Xondiza, Sharg'un - Sariosiyo (rangli metallar, ko'mir,

---

[76] To'xliyev N., Haqberdiyev Q., Ermamatov Sh., Xolmatov N. 0 'zbekiston iqtisodiyoti asoslari. - T.: «0 'zME», 2018.

qurilish materiallar), Boysun (toshko'mir, tabiiy gaz, qurilish materiallari) sanoat bog'lamlari shakllandi. Termiz shahrida va tuman markazlarida, asosan, yengil va oziq-ovqat sanoati korxonalari rivojlandi.

2021-yilda mintaqa 0'zbekistonda ishlab chiqarilgan YalM hajmining 6,0 foizini, sanoat mahsuloti hajmining 2,0 foizini, yalpi qishloq xo'jaligi mahsulotlarining 8,8 foizini, asosiy kapitalga kiritilgan investitsiyalaming 4,0 foizini, qurilish ish- larining 4,0 foizini yaratdi. Shuningdek, mintaqaga respub- lika tashqi savdo aylanmasining 2,0 foizi, iqtisodiyotda band bo'lganlaming 7 foizi, chakana savdo aylanmasi hajmining 6,8 foizi to'g'ri keldi.

4.3. O'zbekiston mintaqalarining rivojlanish tendensiyalari

Ma'lumki, mamlakat mintaqalarini mutanosib ravishda rivojlantirish, iqtisodiyotning samarali hududiy tarkibini shakllantirish barqaror iqtisodiy o'sishning muhim shartlaridan hisoblanadi. Shu sababli mamlakatimizda amalga oshirilayotgan ijtimoiy-iqtisodiy islohotlar jarayonida ijtimoiy taraqqiyotning mintaqaviy omillariga alohida e'tibor qaratilmoqda. Bugungi kunda 0'zbekistonda amalga oshirilayotgan min- taqaviy iqtisodiy siyosat har bir mintaqaning iqtisodiy salohiyatidan oqilona foydalanish asosida barqaror iqtisodiy o'sish sur'atlarini ta'minlash, ijtimoiy-iqtisodiy taraqqiyotida yuzaga kelgan mintaqaviy tafovutlarga barham berish va mam- lakatimizning turli mintaqalarida istiqomat qiluvchi aholi farovonligini oshirishga qaratilgan. Mintaqalar iqtisodiy taraqqiyotiga baho berishda yalpi mintaqaviy mahsulot ko'rsatkichi muhim o'rin egallaydi. Yalpi mintaqaviy mahsulot oxirgi iste'mol uchun ishlab chiqaril- gan tovar va xizmatlar qiymatini o'zida aks ettiradi. U ishlab chiqarish usulida, ya'ni yalpi ishlab chiqarish va yalpi oraliq iste'mol o'rtasidagi tafovut sifatida hisoblanadi. Shu jihatdan yalpi mintaqaviy mahsulot va yalpi ichki mahsulot bir-biriga yaqin ko 'rsatkichlardir. Ammo yalpi mintaqaviy mahsulotlar yig'indisi yalpi ichki mahsulot hajmidan sezilarli darajada farq qiladi. Buning sababi shundan iboratki, mintaqa ochiq iqtisodiy tizim. Shu sababli mintaqa doirasida ishlab chiqarish chega- ralarini aniq belgilab olish va ushbu mintaqa hududida yaratilgan qo'shilgan qiymat hajmini aniqlash ancha murakkab. Ijtimoiy-iqtisodiy taraqqiyotning hozirgi bosqichida ko'plab integrallashgan vertikal va gorizontal sxemalar asosida faoliyat yurituvchi korporatsiyalar mavjud. Bunday korporatsiya- lar tarkibiga kiruvchi ishlab chiqarish birliklarida buxgalterlik hisobini yuritish tartibi va tamoyillari ishlab chiqarish hajmi hamda ishlab chiqarishga sarflangan xarajatlami baholash imkonini bermaydi. Shu sababli bunday bo'linmalarda qo'shilgan qiymatga baho berish shartli xarakterga ega. Natijada bosh kompaniyalar joylashgan mintaqalarda qo'shilgan qiymat birmuncha yuqoriroq, ushbu kompaniyalaming bo'linmalari joylashgan mintaqalarda esa qo'shilgan qiymat birmuncha pastroq ko'rsatiladi.

Shu bilan birga iqtisodiy operatsiyalaming ba'zilari faqat umuman mamlakat miqyosida hisobga olinadi va yalpi min- taqaviy mahsulotni hisoblashda hisobga olinmaydi. Bu, asosan, mudofaa, davlat boshqaruvi xizmatlari va davlat budjeti mablag'lari hisobidan, umuman, jamiyatga ko'rsatiladigan boshqa xizmat turlariga tegishli. Shuningdek, moliyaviy vosi- tachilar, ayniqsa, banklar faoliyati yalpi mintaqaviy mahsulotni hisoblashda hisobga olinmaydi, chunki ular biror- bir mintaqa hududi bilan chegaralanmaydi.

So'nggi yillarda 0'zbekistonning barcha mintaqalarida barqaror o'sish sur'atlari kuzatildi. Ayni vaqtda mintaqalarda yalpi mintaqaviy mahsulot o'sish sur'atlarining turli sur'atlarda kechayotganligini ta'kidlash lozim. Agar

2016-yilda 0 'zbekistonda yalpi ichki mahsulotning o'sish sur'ati 107,0 foizni tashkil etgan bo'lsa, 5 ta m intaqa Andijon (110,2 foiz), Buxoro (109,9 foiz), Jizzax (108,3 foiz), Qashqadaryo (108,0 foiz), Sirdaryo (111,1 foiz)da yalpi min- taqaviy mahsulotning o'sish sur'ati respublika ko'rsatkichidan yuqori bo'ldi. Ayni vaqtda, 2021-yilda esa respublika yalpi ichki mahsulotining o'sish sur'ati (107,8 foiz)dan yalpi mintaqa- viy mahsulotining o'sish sur'ati yuqori bo'lgan mintaqalar soni 7 tani tashkil etdi: Toshkent shahri (109,6 foiz), Jizzax (109,0), Samarqand (108,7 foiz), Qoraqalpog'iston Respublikasi (108,2 foiz), Namangan (108,1 foiz), Andijon (107,9 foiz) va Buxoro viloyatlari (107,9).[77]

0'zbekiston yalpi ichki mahsulotining katta qismi Toshkent shahri, Toshkent, Qashqadaryo, Farg'ona, Andijon va Samarqand viloyatlari tomonidan yaratiladi.

Ayni vaqtda mintaqalar iqtisodiy rivojlanishiga ulaming respublika yalpi ichki mahsulotidagi ulushiga qarab baho berib bo'lmaydi. Zero, aholi soni bo'yicha mintaqalar bir-biridan sezilarli darajada farq qiladi. Shu sababli aholi jon boshiga to'g'ri keladigan yalpi ichki mahsulot hajmi bo'yicha mintaqa- lar iqtisodiy rivojlanishiga qiyosiy baho berish maqsadga mu- vofiq hisoblanadi.

Mintaqalar iqtisodiyoti rivojlanishiga baho berishda ularning iqtisodiyot tarmoq tarkibi ko'rsatkichi ham muhim o'rin tutadi. Tahlillar shuni ko'rsatadiki, so'nggi yillarda barcha mintaqalar iqtisodiyoti tarkibida ijobiy o'zgarishlar yuz berib, u sanoat va xizmat ko'rsatish tarmoqlari ulushi- ning o'sib borishi bilan tavsiflanadi. Bu sohada ham Toshkent shahri, Toshkent, Navoiy, Andijon

---

[77] 2019 yil 31 oktyabrdagi "Yagona milliy mehnat tizimi» idoralararo dasturiy-apparat kompleksini joriy qilish chora-tadbirlari to'g'risida"gi[77] PQ-4502-son qarori

viloyatlari yuqori ko'rsatkichlarga ega. Shu bilan birga Surxondaryo, Jizzax, Sirdaryo, Xorazm, Namangan viloyatlarida qishloq xo'jali- gining ulushi yuqori darajada saqlanib qolmoqda.

4.4. O'zbekiston ijtimoiy-iqtisodiy rivojlanishining asosiy yo'nalishlar

Mustaqillik yillarida iqtisodiyotni hududiy jihatdan tartibga solish vazifalarini takomillashtirish, mahalliy boshqaruv organlarining huquqlari va vakolatlarini kengaytirish, mintaqalarda mavjud mineral-xomashyo, tabiiy-iqlim resurslari va iqtisodiy salohiyatdan samarali foydalanish maqsadida ishlab chiqarish kuchlarini joylashtirish va iqtisodiyotning hududiy tarkibini ta- komillashtirish, eksportga yo'naltirilgan va import o'nini bosuvchi ishlab chiqarishni rivojlantirish sohasida sezilarli yutuqlarga erishildi.

Shunga qaramasdan, mintaqalar ijtimoiy-iqtisodiy rivojlanishida sezilarli tafovutlar saqlanib qolmoqda. Shuni alohida ta'kidlash lozimki, mintaqaviy tafovutlaming mavjud bo'lishi tabiiy hoi bo'lib, har qanday mamlakatga xos. Hatto rivojlan- gan mamlakatlarda ham boy va nisbatan qashshoq mintaqa- lar bor. Bunday mintaqalaming mavjudligi tabiiy resurslar, iqlim, mehnat resurslari va boshqa omillar bilan turli darajada ta'minlanish natijasida vujudga keladi.

Mintaqaviy tafovutlaming mavjud bo'lishi qandaydir ma'noda zarur, chunki ular kapital, mehnat va moddiy resurslar migratsiyasiga yordam beradi, ijtimoiy-iqtisodiy rivojlanishga muayyan darajada dinamizm baxsh etadi. Ammo, boshqa to- mondan, hududiy tafovutlaming vujudga kelishiga tabiiy-iqlim yoki ijtimoiy-tarixiy omillarga bevosita bog'liq boimagan, balki bevosita iqtisodiy omillar bilan bog'liq bo'lgan sabablar ustuvor o'ringa ega bo'lishi mumkin.

0'zbekistonda mintaqaviy tafovutlaming chuqurlashuviga olib kelayotgan iqtisodiy omillar jumlasiga quyidagilami kiri- tish mumkin:

-sanoat ishlab chiqarishi va ishlab chiqarish infratuzilmasi obyektlarining Toshkent, Andijon, Navoiy viloyatlari va Tosh- kent shahri kabi alohida mintaqalarda to'planib qolganligi;

-milliy va xorijiy investitsiyalaming mintaqalar bo'yicha notekis taqsimlanayotganligi;

-mintaqalar tabiiy-iqtisodiy salohiyatlaridan maqsadga muvofiq foydalanmaslik;

-mintaqalaming ichki xususiyatlari va bozor munosabatlarining rivojlanishini hisobga olgan holda mintaqalar ijtimoiy-iqtisodiy rivojlanishini tartibga solishning iqtisodiy usullaridan sust foydalanilayotganligi va boshqalar.

Bundan tashqari, bozor munosabatlari rivojlanayotgan sharoitda mintaqalar ijtimoiy-iqtisodiy rivojlanishidagi tafovutlaming chuqurlashuviga quyidagi omillar ta'sir ko'rsatdi:

-ma'muriy buyruqbozlik tizimidan bozor munosabatlariga o'tish jarayonidagi o'zgarishlarga rivojlangan mintaqalar past rivojlangan mintaqalarga nisbatan tezroq moslasha oldilar;

-ochiq iqtisodiyot asoslarining shakllanish jarayonida xorijiy investitsiyalar, eng avvalo, ishlab chiqarish va ijtimoiy infratuzilma obyektlari nisbatan yaxshiroq rivojlangan mintaqalarga kengroq miqyosda kirib bordi va ushbu mintaqalaming ilg'or texnologiya va zamonaviy texnika bilan ta'minlanganlik darajasi ortdi;

-rivojlangan mintaqalarda mehnat resurslari bilim va malakasining yuqoriligi ularda yangicha ishlash ko'nikmalarining shakllanishiga ijobiy ta'sir ko'rsatdi;

-nisbatan past rivojlangan mintaqalar iqtisodiyotida qishloq xo'jaligi ishlab chiqarishining ustuvor o'ringa ega ekanligi va agrar sohada erkinlashtirish jarayonlarining boshqa tarmoqlarga nisbatan sust amalga oshirilishi natijasida qishloq xo'jaligi va boshqa tarmoqlar o'rtasidagi narx nomutanosibligining kuchayishi qishloq xo'jaligi ishlab chiqaruvchilarining ijtimoiy ahvoliga va moliyaviy imkoniyatlariga salbiy ta'sir ko'rsatdi;

-mustaqillik yillarida mamlakatimizda amalga oshirilgan o'zak tarmoqlami davlat tomonidan qo'llab-quwatlash va uni amalga oshirishda agrar sohadan donor tarmoq sifatida foydalanish siyosati natijasida o'zak tarmoqlar joylashgan mintaqalar rivojlanib, agrar soha ustuvor o'ringa ega bo'lgan mintaqalar- ning iqtisodiy ahvoli salbiy tomonga o'zgarib bordi va hokazo.

Indeksga asoslangan hisob-kitoblar natijalari shuni ko'rsatadiki, so'nggi yillarda mintaqalar iqtisodiy taraqqiyotidagi tafovut asosiy iqtisodiy ko'rsatkichlar bo'yicha turlicha o'zgarmoqda. Indeks usuliga ko'ra, respublika ko'rsatkichi 1,000 sifatida qabul qilinadi va mintaqalar ko'rsatkichlari shunga nisbatan taqqoslanadi.

2016-yilda kishi boshiga ishlab chiqarilgan yalpi mintaqaviy mahsulotning eng yuqori (Toshkent shahri) va eng past (Qoraqalpog'iston Respublikasi) ko'rsatkichlari o'rtasidagi nisbat 3,9 martani tashkil etgan. Vaholanki, bu ko'rsatkich 2010-yilda 5,1 martaga teng edi.[78]

Aholi jon boshiga sanoat mahsulotlari ishlab chiqarishda tafovut 10,6 dan 12,8 martagacha o'sgan va hamon yuqori darajada saqlanib turibdi. Asosiy kapitalga kiritilgan investitsiyalar- da ham xuddi shunday tendensiya kuzatiladi. Bu ko'rsatkich bo'yicha tafovut 2010-yilda 9,2 va 2016-yilda 9,9 ga teng bo'lgan.

Ayni vaqtda eng kichik tafovut aholi jon boshiga qishloq xo'jalik mahsulotlari ishlab chiqarishda kuzatiladi. Aholi jon boshiga qishloq xo'jaligi mahsulotlari ishlab chiqarish bo'yicha eng yuqori va eng past ko'rsatkichlar o'rtasidagi nis- bat 2010-yilda 3,1 va 2016-yilda 3,3 ni tashkil etgan.

Ko'rinib turibdiki, asosiy iqtisodiy ko'rsatkichlar bo'yicha tafovutlar o'smoqda. Shu bilan birga, real sektoming asosiy ko'rsatkichlari indeksi bo'yicha o'rtacha respublika darajasidan (1,000) past bo'lgan mintaqalar soni o'smoqda.

Chunonchi, 2016-yilda yalpi ichki mahsulot bo'yicha bunday mintaqalar soni 11 tani tashkil etib (2010-yilda 9 ta bo'lgan), eng past ko'rsatkich Qoraqalpog'iston Respublikasiga tegishli - 0,577. Sanoat mahsuloti ishlab chiqarish bo'yicha respublika o'rtacha ko'rsatkichidan past ko'rsatkichga ega boigan minta- qalar soni 9 taga teng va bu yerda eng past ko'rsatkich Sur- xondaryo viloyatiga tegishli - 0,260.[79]

---

[78] To'xliyev N., Haqberdiyev Q., Ermamatov Sh., Xolmatov N. 0 'zbekiston iqtisodiyoti asoslari. - T.: «0 'zME», 2018.

[79] 2019 yil 31 oktyabrdagi "Yagona milliy mehnat tizimi» idoralararo

Faqat qishloq xo'jaligi mahsuloti bo'yicha bunday mintaqalar soni ozchilikni tashkil etadi, ya 'ni qishloq xo'jalik mahsuloti indeksi bo'yicha 2016-yilda 4 ta mintaqada respublika darajasidan past ko'rsatkichga erishilgan. Bu ko'rsatkich bo'yicha eng past natijaga Qoraqalpog'iston Respublikasi ega - 0,513.

Kapital qo'yilmalaming viloyatlar bo'yicha taqsimlanishida ham sezilarli tafovutlar mavjud. Hozirgi kunda kapi- tal qo'yilmalaming asosiy qismi sanoati rivojlangan hududlarga yo'naltirilmoqda. Xususan, 2016-yilda jami kapital mablag'laming 21,6 foizi Toshkent shahri hissasiga to'g'ri keldi. Kapital qo'yilmalar bo'yicha Qorqalpog'iston Respublikasi, Qashqadaryo, Toshkent, Buxoro viloyatlarining ham sezilarli ulushga ega ekanligini ta'kidlash lozim. Jami kapital mablagTaming 2016-yilda 61,7 foizi ushbu mintaqalar hissa- siga to'g'ri keldi. Bu, eng avvalo, ulaming neft, gaz va boshqa tabiiy resurslarga boy ekanligi bilan tushuntiriladi.[80]

Ayni vaqtda respublika iqtisodiyotiga kiritilgan jami kapital qo'yilmalaming atigi 2,5 foizi Sirdaryo va Jizzax, 2,9 foizi Xorazm, 4,0 foizi Surxondaryo va Andijon viloyatlariga yo'naltirilgan, xolos.

Respublikamiz mintaqalari bo'yicha aholi jon boshiga to'g'ri keladigan pul daromadlari va iste'mol xarajatlarini solishtirish natijalari ham mintaqaviy tafovutlaming kattaligidan dalolat beradi.

Mintaqaviy tafovutlar bo'yicha yuqorida keltirilgan misollar alohida viloyatlarda nosog'lom vaziyat yuzaga kelishi va

---

dasturiy-apparat kompleksini joriy qilish chora-tadbirlari to'g'risida"gi[79] PQ-4502-son qarori

[80] 2019 yil 31 oktyabrdagi "Yagona milliy mehnat tizimi» idoralararo dasturiy-apparat kompleksini joriy qilish chora-tadbirlari to'g'risida"gi[80] PQ-4502-son qarori

buning natijasida qator mintaqalar ijtimoiy-iqtisodiy taraqqiyotda sezilarli darajada ortda qolishlari mumkinligidan dalolat beradi. Shu sababli O'zbekistonda bunday tafovutlami qisqartirish va mintaqalami kompleks rivoj lantirish bo'yicha qator chora-tad- birlar amalga oshirilmoqda.

0 'zbekistonda iqtisodiy islohotlar davrida to 'plangan tajriba shundan dalolat beradiki, mintaqalar ijtimoiy-iqtisodiy rivojlanish darajalari o'rtasidagi tafovutlami faqat markazlashgan dotatsiyalar va subsidiyalar hisobidan hal etib bo'lmaydi.

Bunday sharoitda ajratilgan mablag'laming katta qismi nooqilona sarflanadi, ulardan foydalanish samaradorligi past bo'ladi.

Shu sababli mintaqalar ijtimoiy-iqtisodiy rivojlanishi o'rtasidagi tafovutni qisqartirishda, nisbatan zaif rivojlangan mintaqalarga ishlab chiqarish va ijtimoiy infratuzilmaning rivojlanishi uchun markazlashgan mablag'lar ajratish bilan birga, joylarda bozor munosabatlari va tadbikorlikning rivojlanishi, mintaqada mavjud tabiiy-iqtisodiy resurslardan samarali foy- dalanish uchun qulay shart-sharoitlami yaratishga alohida e 'tibor qaratish lozim. [81]

Milliy iqtisodiyotni modemizatsiyalash sharoitida hududiy dasturlar mintaqalami ijtimoiy-iqtisodiy rivoj lantirish siyosatining asosiy dastaklaridan biri vazifasini o'tamoqda. Xususan, so'nggi yillarda hukumat va mahalliy boshqamv organlari tomonidan Qoraqalpog'iston Respublikasi, viloyatlar, Toshkent shahrini ijtimoiy-iqtisodiy rivoj lantirish, «Navoiy», «Angren», «Jizzax», «Hazorasp», «Urgut», «G'ijduvon» va «Qo'qon» kabi erkin iqtisodiy zonalar shaklida alohida hududlami rivoj-

---

[81] To'xliyev N., Haqberdiyev Q., Ermamatov Sh., Xolmatov N. 0 'zbekiston iqtisodiyoti asoslari. - T.: « 0 'zME», 2018.

lantirish, Xorazm va Toshkent viloyatlarida sanoat va turizmni barqaror rivojlantirish, mintaqaviy investitsiya dasturlari va boshqa maqsadli dasturlar amalga oshirildi.

Umuman olganda, mintaqalar ijtimoiy-iqtisodiy rivojlani- shida erishilgan ijobiy o'zgarishlar, eng avvalo, ichki iste'mol talabini rag'batlantirish, sanoat va xizmat ko'rsatish sohalarini barqaror rivojlantirish bo'yicha investitsiya paketlarining amalga oshirilishi, qishloqda uy-joy qurilishining kengaytirilishi, shuningdek, kichik biznes va xususiy tadbirkorlikning faollashuvi bilan bog'liq.

V BOB. O'ZBEKISTON IQTISODIYOTIGA RAQOBAT VA MONOPOLIYANING TA'SIR ETISH DARAJALARI

5.1. Iqtisodiyotda raqobat va uning mohiyati

Bozor munosabatlariga asoslangan xo'jalik yuritish shaklida raqobat muhitini shakllantirish muhim ahamiyatga ega bo'lib, raqobat bozor muhitining ajralmas tarkibiy qismi va tadbir- korlik faoliyati rivojlanishining zaruriy sharti hisoblanadi. Raqobat va monopoliya tushunchalari o'zaro chambarchas bog'liq bo'lib, bozor munosabatlarining tub belgilari hisoblanadi. Ular yagona bir jarayonning qarama-qarshi tomonlaridir.[82]

---

[82] 2019 yil 31 oktyabrdagi "Yagona milliy mehnat tizimi» idoralararo dasturiy-apparat kompleksini joriy qilish chora-tadbirlari to'g'risida"gi[82]

Raqobat deganda bozor iqtisodiyoti subyektlarining yuqori foyda olish maqsadida bir-biri bilan kurashi, o'zaro bellashuvi tushuniladi. U ishlab chiqaruvchilar va iste'molchilaming iqtisodiy erkinlik darajasini kengaytiradi, jami to'lovga qobil talabni oshiradi, kapitalning o'z-o'zidan o'sish tendensiya- sini kuchaytiradi. Taniqli iqtisodchi F. Xayek ta'kidlaganidek, «Raqobat - bu, eng avvalo, izlanishdir. Uni yangilik olib ki- ruvchilar amalga oshiradilar».Raqobat unda ishtirok etuvchilar soni, mavqeyi, iqtisodiyotga ta'siri, kurash usullariga ko'ra farqlanadi. Bozor tizimida quyidagi raqobat turlari mavjud: erkin raqobat, sof monopoliya, monopolistik raqobat va oligopoliya. Erkin raqobatda ixtiyoriy, mutlaqo mustaqil ish ko'rayotgan ko'p sonli sotuvchilar va xaridorlar ishtirok etadilar. Bunday raqobat turida narxlar bozor orqali belgilanadi. Bozorga kirish va undan chiqib ketish oson. Raqobatlashuvchilar xaridorlarga bir xil tovarlami taklif qiladilar. Raqobatda ishtirok etayotgan alohida firmalar narxga ta'sir o'tkaza olmaydilar.

Monopolistik raqobatda nisbatan ko 'p sonli tovar ishlab chiqaruvchilar qatnashadilar va ular bir-biriga o'xshash, lekin aynan bir xil boim agan (xaridor nuqtayi nazarida) mahsulotlami xaridorlarga taklif qiladilar. Erkin raqobatdan farqli oiaroq, monopolistik raqobat sharoitida har bir firma mahsu- lotning sifati, qadoqlanishi, chidamliligi belgilari bilan boshqalardan farq qilib turuvchi tovaming maxsus turini (turlangan mahsulot) ishlab chiqaradi. Monopolistik raqobat sharoitida har bir firma bozoming ma'lum bir qismini nazorat qilgani uchun ulaming bozor narxiga ta'siri ham cheklangan boiadi. U xizmat ko'rsatish sohasining ko'plab tarmoqlariga (masalan, restoranlar, texnik xizmat

---

PQ-4502-son qarori

ko'rsatish tizimlari, bank muassasalari) xos. [83] Ishlab chiqarish sohasida esa, kompyuterlar, telefon apparatlari, kiyim-kechaklar, alkogolsiz ichimliklar, kir yuvish vositalari bozorlari monopolistik bozorga misol bo'la oladi.

Monopolistik raqobat mavjud bozorlar ochiq va shu sa- babli unga boshqa firmalaming kirib kelishi va undan chiqib ketishi oson bo'ladi. Oligopoliya sharoitidagi raqobatda ozchilik, lekin yirik firmalar ishtirok etadilar. Jami mahsulot sotishning 50 va un- dan ko'p foizini cheklangan sonli (ko'pincha 3 tadan 9 taga- cha) yirik firmalar tomonidan qamrab olinishi oligopolistik ishlab chiqarilayotgan tovarlar standartlashgan (sof raqobat sharoitidagi kabi) va turlangan (monopolistik raqobat sharoitidagi kabi) bo'lishi mumkin. Oligopolistik bozor- ga jahon avtomobil bozorini misol qilib keltirish mumkin. Bu yerda «Ford» (AQSH) va «Daymler-Kraysler» (AQSH-Ger- maniya), «Toyota», «Xonda» va «Nissan» (Yaponiya), «Folks- vagen» va «Opel» (Germaniya) kabi firmalarga bozordagi jami ishlab chiqarishning 7 0 -80 foizga yaqini to'g'ri keladi.

Oligopolistik raqobat hukmron bo'lgan bozorga kirish nihoyatda qiyin va u yirik kapital mablag'lami talab etadi. Oligopoliyaning sodda ko'rinishi duopoliya hisoblanadi va bunday bozorda ikkita firma hukmron bo'ladi.

Sof monopoliya erkin raqobatning aksidir. Bu holatda bozorda yagona sotuvchi faoliyat ko'rsatadi va u tomonidan ish- lab chiqarilayotgan tovaming o'mini bosuvchilar bo'lmaydi. Natijada, ishlab chiqaruvchi tovar narxiga ta'sir ko'rsatishning mutlaq imkoniyatiga ega bo'ladi. Bu yerda ishlab chiqarish tarmog'i bitta kompaniyadan iborat bo'ladi. Sof monopoliya hukmron

---

[83] 2019 yil 31 oktyabrdagi "Yagona milliy mehnat tizimi» idoralararo dasturiy-apparat kompleksini joriy qilish chora-tadbirlari to'g'risida"gi[83] PQ-4502-son qarori

bozorga boshqa firmalaming kirishi nihoyatda qiyin.

Ma'lumki, monopoliyaning mavjud bo'lishi jamiyat nuqtayi nazaridan maqsadga muvofiq emas. Shu sababli bozor iqtisodi- yotiga asoslangan mamlakatlarda monopoliyaga qarshi qonunchilikning asosiy maqsadi monopoliyaga qarshi kurash emas, balki milliy iqtisodiyot samaradorligini rag'batlantirish uchun samarali raqobat muhitini saqlab qolishga qaratilgan.

Iqtisodiyotda, shuningdek, «tabiiy monopoliyalar» tushun- chasi qo'llaniladi. Tabiiy monopoliyalar iqtisodiyotning yoqilg'i-energetika, transport, aloqa, kommunal xo 'jaligi sohalarida keng tarqalgan bo'lib, odatda, bunday korxonalar davlat mulki shaklida yoki davlat nazorati ostida faoliyat olib boradi. Hozirgi davrda iqtisodiyotda tabiiy monopoliyalar faoliyat ko'rsatishining asosiy sabablaridan biri sohada raqobat muhiti yaratishning iloji yo'qligi yoki iqtisodiy jihatdan maqsadga muvofiq emasligidir. Tabiiy monopoliyalar faoliyatlarini tartibga solish, eng awalo, tegishli tovarlar ishlab chiqaruvchilari va iste'molchilari manfaatlari mutanosibligiga erishish, korxonaning iqtisodiy asoslangan xarajatlarining to iiq qoplanishini ta'minlash va ishlab chiqarishni rivojlantirishga mos ravishda investitsiyalash shart-sharoitlarini yaratishdan iboratdir.

Raqobat bozorlarda turli shakllarda namoyon boiadi va turli uslublarda olib boriladi. Odatda, raqobat tarmoq ichidagi raqobat (o'xshash bo'lgan tovarlar o'rtasida) va tarmoqlararo raqobat (turli tarmoqlar tovarlari o'rtasida)ga ajratiladi.
Shuningdek, raqobat narxlar vositasida va sifat asosida yuz berishi mumkin. Narxlar vositasida raqobat narxni o'zgartirish yo'l bilan xaridorlami o'ziga jalb qilish va raqobatchisini shu yo'l bilan bozordan siqib chiqarishga qaratiladi. Sifat asosida raqobatlashuvda raqobatlashuvchilar bozorga sifatli, chidamli, ishlatish

muddati uzoq, unumdorligi yuqori tovarlar bilan qatnashish orqali xaridorlami jalb etishga harakat qiladilar. Odatda, xomashyo bozorlarida narxlar vositasida raqobatlashuv ustuvor o'ringa ega boisa, tayyor mahsulotlar bozorida sifat asosida raqobat asosiy o'rinni egallaydi.

5.2. Raqobat muhiti va unga ta'sir etuvchi omillar

Iqtisodiy faoliyatning raqobat asosida tashkil etilishi bozor iqtisodiyotining eng muhim xususiyatlaridan biridir. Bozor mu- nosabatlariga asoslangan iqtisodiyot to'rtta muhim ustunga tayana- di: bozor taklifi, bozor talabi, narx va raqobat. Bular orasida iqtisodiyotni raqobat asosida tashkil etish alohida o'ringa ega. Umuman olganda, bozor iqtisodiyotining yuzaga kelishi va uning boshqa iqtisodiy tizim turlaridan afzalligi ham raqobat kurashining natijasidir. Bozor iqtisodiyoti sharoitida daromad topib, ko'proq foyda ko'rish har qanday mafkuradan ustunroq bo'ladi. Kishilar iqti- sodiy faoliyat ko'rsatishning eng arzon va mukammal yo'llarini izlab topishga harakat qiladilar va buning uchun raqobat me- xanizmi qulay shart-sharoit yaratadi. Raqobat kurashida, eng avvalo, tovar ishlab chiqaruvchi va xizmat ko'rsatuvchilar yuqori foyda olish maqsadida ishlab chiqarish xarajatlarini kamaytirish orqali ulaming narxlarini pasaytirishga harakat qila- dilar. Bu esa, bir tomondan sotiladigan mahsulotlaming hajmi- ni ko'paytirsa, ikkinchi tomondan, daromadlarining oshishiga asos bo'ladi.

O'z navbatida, bunday imkoniyat tejamkorlik, ilmiy-texnika va yangi texnologiya yutuqlari ishlab chiqarishga joriy etilgandagina ro'yobga chiqadi. Bu esa ishlab chiqarish omillaridan samarali foydalanishga puxta asos yaratadi. Raqobat sharoitida ishlab chiqaruvchilar o'z tovarlari va xizmatlarining xillari va navlarini doimo yangilab, o'zgartirib va kengaytirib turishdan manfaatdor bo'ladilar. Qolaversa, tadbirkorlar bozorda iste'molchilaming e'tiborini qozonish va ulami o'zlariga jalb etish uchun tinimsiz kurash olib boradilar. Bunga ular iste'molchilaming ehtiyojlarini o'rganish, tovarlar sotib olishdan manfaatdorligini oshirishga qaratilgan shakl va uslublami joriy etish tufayli erishadilar. Bunday intilishlar, bir tomondan, tadbirkorlaming daromad- larini ko'paytirsa, ikkinchi tomondan, iste'molchilaming turli tovarlar va xizmatlarga boigan ehtiyojlarini qondiradi. Nati- jada bundan ishlab chiqaruvchi ham, iste'molchi ham manfaatdor bo'ladi.[84]

Raqobatning bunday mo'jizasi resurslaming cheklanganligi va ehtiyoj laming cheklanmaganligi sharoitida iqtisodiy faoliyatni oila xo 'jaligi, firma, tarmoq va tarmoqlararo, hududlar, mamlakatlar va jahon iqtisodiyoti miqyosida tashkil etishning va boshqarishning eng noyob yoilarini tanlashda to'la namoyon boimoqda. Shuningdek, iqtisodiy muvozanatni ta'minlashda muhim ahamiyat kasb etadi. Eng muhimi, raqobat tufayli jamiyat tan olmagan, samarasiz ishlab chiqarish va xizmatlar boshqa nufuzli yo'nalish va tarmoqlarga o'z o'mini bo'shatib beradi. Natijada iqtisodiyotda chuqur tarkibiy o'zgarishlar amalga oshadi.Raqobat muhitini shakllantirishning muhim omillaridan biri, xususiy mulkning iqtisodiyotda yetakchi o'ringa ega bo'lishidir. Xususiy mulk investitsiyalar kirib kelishini, yangiliklami ishlab chiqarishga joriy etishni va iqtisodiy o'sishni rag'batlantiradi. Xususiy mulk va raqobat muhiti o'rtasida bevosita bogiiqlik mavjud boiib, xususiy mulk yetakchi o'ringa ega boimagan jamiyatda raqobat muhiti shakllanishi mumkin emas.

Tadbirkorlikning shakllanishi va rivojlanishi

---

[84] To'xliyev N., Haqberdiyev Q., Ermamatov Sh., Xolmatov N. 0 'zbekiston iqtisodiyoti asoslari. - T.: « 0 'zME», 2018.

xususiylashtirish jarayoniga, uning uslubiga, sur'atlariga va koiam iga bog'liq. Xususiylashtirish natijasida, birinchidan, mulk o'z egalari qo'lga topshirilsa, ikkinchidan, ko'p ukladli iqtisodiyot vujuga keladi.

Ma'lumki, mulkni xususiylashtirish jarayoni aralash iqtisodiyotni yuzaga keltirish bilan tadbirkorlikning rivojlanishiga, raqobat muhitining shakllanishiga keng yo'l ochadi. Xususiy tadbirkorlik, eng avvalo, kam kapital talab qiluvchi va tez foyda keltiruvchi tarmoqlarda rivoj topadi. Bu esa kichik korxonalaming rivojlanishi, bandlik va iste'mol bozorini toidirish muammosini hal etishga ijobiy ta 'sir ko'rsatish bilan birga, ko'p sonli kichik korxonalar o'rtasidagi hamda kichik va yirik korxonalar o'rtasidagi raqobat kurashining avj olishiga olib keladi. Bozor xo'jaligining asosini bir-biri bilan o'zaro raqobatlashuvchi yirik, o'rta va kichik korxonalar majmuasi tashkil etadi. Ular jamiyatning tovar va xizmatlar taklif etish, ijodiy natijalar, tashabbuskorlik, iqtisodiyotning yangi sharoitlariga moslashish darajasini belgilab beradi. Bozordagi raqobat intensivligi va ko'lami ushbu korxonalar soni va ular faoliyatining samaradorligiga bog'liq. Shu nuqtayi nazardan aytish mumkin- ki, turli mulk shakllariga asoslangan ko'p sonli xo'jalik yuri- tuvchi korxonalaming vujudga kelishi raqobat muhiti shaklla- nishining eng muhim omillaridan biri sanaladi.[85]

Tadbirkorlik erkinligi xususiy mulk bilan chambarchas bog'liq bo'lib, u iqtisodiyotni tashkil etish masalasini tadbirkorlar tomonidan erkin hal etilishini anglatadi. Bozor iqtisodiyoti sharoitida xususiy tadbirkorlar iqtisodiy resurslami sotib olishda, ulardan ishlab chiqarish maqsadida foydalanishda, ishlab chiqarilgan tovarlami o'z ixtiyorlariga ko'ra istagan

---

[85] Vaxabov A.V., Tadjibayeva D.A., Xajibakiyev Sh.X. «Jahon iqtisodiyoti va xalqaro iqtisodiy munosabatlar». - T.: Baktria-press, 2019

bozorlarida sotishda erkin bo'ladilar. Hech qanday sun'iy g'ovlar tadbirkorlarga biror-bir tarmoqqa kirish yoki biror-bir tarmoq- dan chiqib ketishga to'sqinlik qila olmaydi.

Raqobat muhitini shakllantirishning yana bir muhim omili tanlash erkinligi bilan bog'liq. Bu shuni anglatadiki, moddiy resurslar va pul kapitali egalari o'z resurslaridan o 'z ixtiyorlariga ko'ra foydalanishlari yoki ulami o'z ixtiyorlariga ko'ra sotishlari mumkin. Shuningdek, tanlash erkinligi har bir ishchini o'z qobiliyati va layoqatiga ko'ra o'zi uchun ma'qul boigan har qanday faoliyat turi bilan shug'ullanishga imkon beradi. Va nihoyat, tanlash erkinligi iste'molchilarga o'z ehtiyojlarini qondirish uchun istagan nisbatda tovar va xizmatlar sotib olish imkoniyatini beradi.

Raqobat muhitini shakllantirishning eng muhim shartlaridan biri - iste'mol tanlovi erkinligidir. Bozor munosabatlari sharoitida iste'molchi alohida mavqega ega bo'lib, aynan u o'z tanlovini amalga oshirar ekan, iqtisodiyotda qanday tovarlar ishlab chiqarish lozimligini hal qiladi. Ishlab chiqaruvchilar, mol yetkazib beruvchilar faqat iste'molchi tanlovi doirasida o'z qarorlarini qabul qiladilar. Demak, ishlab chiqaruvchilar ishlab chiqariladigan tovarlami tanlashda erkin emaslar.

5.3. O'zbekistonda raqobat muhitining shakllanish xususiyatlari

Yuqorida ta'kidlaganimizdek, milliy iqtisodiyotda raqobat muhiti shakllanganligini belgilab beruvchi asosiy shart-sharoitlardan biri xususiy mulk yetakchi o'ringa ega bo'lgan ko'p ukladli iqtisodiyotni barpo etish, xususiy mulkdorlar huquqlarini himoya qilishni mustahkamlovchi iqtisodiy tizimni shakllantirish hisoblanadi. Bugungi kunda respublikada nodavlat mulkining har xil shakllarini rivoj lantirish uchun barcha zaruriy shart-sharoitlar yaratilgan. Bu sohada amalga oshirilgan chora-tadbirlar natijasi o'laroq, O'zbekistonda turli mulkchilik shakllariga asoslangan ko'p ukladli iqtisodiyot asoslari barpo etildi. Eng avvalo, mulk- ni davlat tasarrufidan chiqarish va xususiylashtirish jarayonlarining amalga oshirilishi natijasida ishlab chiqarilgan mahsulot- ning mulk shakllari bo'yicha tarkibida sezilarli o'zgarishlar yuz berdi.[86]

2021-yilda bu ko'rsatkich 81,3 foizni tashkil etdi. Sanoat mahsuloti ishlab chiqarishda bu ko'rsatkich tahlil qilinayotgan davr mobaynida 65,4 foizdan 94,0 foizgacha, iqti- sodiyotda band bo'lganlar sonida 76 foizdan 82,3 foizgacha o'sgan bo'Isa, ayni vaqtda qishloq xo'jaligi mahsulotlari ish- lab chiqarish va chakana savdo aylanmasida xususiy sektoming ulushi qariyb 100 foizni tashkil etadi. Bu shundan dalolat beradiki, 0 'zbekistonda halol raqobat asosida faoliyat olib borish uchun korxona va tashkilotlarga qulay shart-sharoitlar yuzaga kelmoqda.

O'zbekiston Respublikasida raqobat muhitini yanada rivojlantirish, xususiylashtirish, monopoliyadan chiqarish va raqobatni cheklashga bo'lgan faoliyatlaming bosqichma-bosqich amalga oshirilishi, shuningdek, xususiylashtirish jarayonidan keyingi davrda yangi tashkil etilgan korxonalar faoliyatini davlat tomonidan har tomonlama qo'llab-quvvatlash dasturlarining izchil bajarilib borishi natijasida bozor munosabatlari subyektlari hisoblangan korxona va

---

[86] Vaxabov A.V., Tadjibayeva D.A., Xajibakiyev Sh.X. «Jahon iqtisodiyoti va xalqaro iqtisodiy munosabatlar». - T.: Baktria-press, 2019

tashkilotlaming mamlakat- dagi soni muttasil oshib borish tendensiyasiga ega boʻlmoqda. [87]

Taʼkidlash lozimki, tadbirkorlik raqobat muhitining shakllanishi va rivojlanishiga olib keladigan tarkib hosil qiluvchi omil hisoblanadi. Bozorda qancha miqdordagi tadbirkorlik subyektlarining qatnashayotganligi undagi raqobatning inten- sivligini belgilab beradi. Ayni vaqtda raqobat biror-bir bozor qatnashchisining mutlaq hukmronligini inkor qilgan holda bozorda turli xildagi va turli shakldagi qatnashchilar mavjud boʻlishini shart qilib qoʻyadi. Koʻrinib turibdiki, korxona va tashkilotlaming yagona dav- lat reestrida roʻyxatga olingan xoʻjalik yurituvchi subyektlar- ning soni 2001-2017-yillar davomida 157,4 mingtadan 285,3 mingtagacha, yaʼni 1,8 martaga oshdi. Ayni vaqtda jami korxonalar sonida nodavlat sektorining ulushi 84,1 foizdan 86,5 Islohotlar yillarida 0 ʻzbekiston Respublikasi hukumati asosiy eʼtibomi iqtisodiyotning turli tarmoq korxonalari va ulaming tegishli bozorlardagi mavqelariga, tovar va moliya bozorlarida raqobat muhitining mustahkamlanishiga, qonun bu- zilishi holatlarini izchil bartaraf etishga qaratdi. [88]

Amalga oshirilgan chora-tadbirlar natijasida 0 ʻzbekiston Respublikasining Xususiylashtirish, monopoliyadan chiqarish va raqobatni rivojlantirish davlat qoʻmitasi tomonidan davlat reyestrida roʻyxatga olingan monopol korxonalar va mah- sulot turlarining soni sezilarli darajada pasayishi kuzatildi. Xususan, 2001-yilning boshida monopol mavqega ega korxonalar soni 350 ta va monopol mahsulotlar soni 230 taga teng boʻlgan boʻlsa,

---

[87] Toʻxliyev N., Haqberdiyev Q., Ermamatov Sh., Xolmatov N. 0 ʻzbekiston iqtisodiyoti asoslari. - T.: « 0 ʻzME», 2018. - 280 b.

[88] Vaxabov A.V., Tadjibayeva D.A., Xajibakiyev Sh.X. «Jahon iqtisodiyoti va xalqaro iqtisodiy munosabatlar». - T.: Baktria-press, 2019

2017-yilga kelib ushbu ko'rsatkichlar mos ravishda 151 va 10 tani tashkil etdi. Monopol kor- xonalaming jami korxonalardagi ulushi ham sezilarli darajada pasaydi: agar 2001-yilda jami korxona va tashkilotlaming 0,2 foizini monopol korxonalar tashkil etgan bo'Isa, 2017-yilga kelib bu ko'rsatkich 0,05 foizga tushib qoldi.[89]

Har qanday mamlakat iqtisodiyoti kabi O'zbekistonda tabi- iy monopoliyalar mamlakat iqtisodiyotida o'ziga xos o'ringa ega. Mamlakat qonunchiligiga ko'ra tabiiy monopoliya «tovar bozorining holati bo'lib, unda texnologik xususiyatlar tu- fayli muayyan tovarlar (ishlar, xizmatlar) turlariga bo'lgan talabni qondirishning raqobatli sharoitlarini yaratish mum- kin emas yoki iqtisodiy jihatdan maqsadga muvofiq emas» deb talqin qilinadi.

O'zbekistonda davlat reestrida ro'yxatga olingan xo'jalik yuritish subyektlari, monopol korxona va monopol mahsulotlarning 2001-2017-yillardagi o'zgarishi

0 'zbekiston Respublikasida quyidagi sohalar mamlakat qo- nunchiligida tabiiy monopoliya subyektlari deb belgilangan va ulaming faoliyati tegishli ravishda davlat tomonidan tartibga solinadi:

-neft, neft mahsulotlari va gazni quvur orqali transpor- tirovka qilish;

-elektr va issiqlik energiyasini ishlab chiqarish hamda transportirovka qilish;

-temiryo'llar infratuzilmasidan foydalanish hisobga olin- gan holda temiryo'llarda tashish;

-umumiy erkin foydalaniladigan pochta aloqasi xizmatlari;

---

[89] To'xliyev N., Haqberdiyev Q., Ermamatov Sh., Xolmatov N. 0 'zbe- kiston iqtisodiyoti asoslari. - T.: « 0 'zME», 2018. - 280 b.

-suv quvurlari va kanalizatsiya xizmati;

-aeronavigatsiyalar, portlar va aeroportlar xizmatlari.1

O'zbekistonda tabiiy monopoliya subyektlarining faoliyatlarini tartibga solish quyidagi usullarda amalga oshiriladi:

-narxlami (tariflami) yoki ulaming eng yuqori (eng past) darajasini belgilash (o'matish) vositasida narxlami tartibga so- lish;

-xizmat ko'rsatilishi shart bo'lgan iste'molchilami aniqlash va (yoki) ulami tabiiy monopoliya subyektlari reali- zatsiya qiladigan tovar bilan to'liq hajmda qondirishning im- koni bo'lmagan taqdirda, ta'minlashning eng kam darajasini belgilash va tartibga solish uchun qonun hujjatlariga muvofiq boshqa usullar ham qo'llanilishi mumkin.

FOYDALANILGAN ADABIYOTLAR

I. O'zbekiston Respublikasi Qonunlari

1. O'zbekiston Respublikasi Konstitutsiyasi. – Toshkent: O'zbekiston, 2023
2. O'zbekiston Respublikasi Fuqarolik kodeksi. – Toshkent: Adolat,
3. O'zbekiston Respublikasi Soliq kodeksi. – Toshkent: Adolat, 2019.
4. O'zbekiston Respublikasining "Tijorat siri to'g'risida" gi Qonuni, 11.09.2019 y., №O'RQ-374
5. O'zbekiston Respublikasining "Oilaviy tadbirkorlik to'g'risida" gi Qonuni, 26.04.2021 y., №O'RQ-327

II. O'zbekiston Respublikasi Prezidentining Qaror va Farmonlari

6. O'zbekiston Respublikasi Prezidentining 11.04.2018 yildagi "Tadbirkorlik faoliyati sohasidagi litsenziyalash va ruxsat berish tartib- taomillarini yanada qisqartirish va soddalashtirish, shuningdek, biznes yuritish shart-sharoitlarini yaxshilash chora-tadbirlari to'g'risida" gi №PF-5409 -sonli Farmoni
7. O'zbekiston Respublikasi Prezidentining 27.07.2018 yildagi "Tadbirkorlik subyektlarining huquqlari va qonuniy manfaatlarini himoya qilish tizimini yanada takomillashtirish chora-tadbirlari to'g'risida" gi №PF- 5490 -sonli Farmoni
8. O'zbekiston Respublikasi Prezidentining 05.05.2017 yildagi "O'zbekiston Respublikasi Prezidenti huzuridagi Tadbirkorlik subyektlarining huquqlari va qonuniy manfaatlarini himoya qilish bo'yicha vakili institutini ta'sis etish to'g'risida" gi №PF-5037-sonli Farmoni
9. O'zbekiston Respublikasi Prezidentining 19.06.2017 yildagi "Biznesning qonuniy manfaatlari davlat tomonidan

muhofaza qilinishi va tadbirkorlik faoliyatini yanada rivojlantirish tizimini tubdan takomillashtirishga doir chora-tadbirlar to'g'risida" gi №PF-5087 -sonli Farmoni

10. O'zbekiston Respublikasi Prezidentining 05.10.2016 yildagi "Tadbirkorlik faoliyatining jadal rivojlanishini ta'minlashga, xususiy mulkni har tomonlama himoya qilishga va ishbilarmonlik muhitini sifat jihatidan yaxshilashga doir qo'shimcha chora-tadbirlar to'g'risida" №PF-4848- sonli Farmoni

11. O'zbekiston Respublikasi Prezidentining 28.10.2016 yildagi "Tadbirkorlik subyektlarini davlat ro'yxatidan o'tkazish va hisobga qo'yish tizimini takomillashtirish to'g'risida" gi №PQ-2646-sonli qarori

12. O'zbekiston Respublikasi Prezidentining "2017 yil uchun O'zbekiston Respublikasi asosiy makroiqtisodiy ko'rsatkichlar va davlat budjeti parametrlari prognozi to'g'risida" gi Qarori //O'zbekiston Respublikasi qonunlari to'plami, 2016 y., № 52, 601 bet; 2017 y., № 6, 77 bet, № 11, 158 bet, № 13, 201 bet, № 14, 216 bet, № 22, 411 bet, № 25, 533 bet, № 33, 843 bet

III.Prezident Sh. M. Mirziyoyevning asarlari, ma'ruzalari

13. Mirziyoyev Sh.M. Buyuk kelajagimizni mard va olijanob xalqimiz bilan birga quramiz. Mazkur kitobdan O'zbekiston Respublikasi Prezidenti Shavkat Mirziyoyevning 2016 yil 1 noyabrdan 24 noyabrga qadar Qoraqalpog'iston Respublikasi, viloyatlar va Tashkent shahri saylovchilari vakillari bilan o'tkazilgan saylovoldi uchrashuvlarida so'zlagan nutqlari o'rin olgan. – Tashkent: O'zbekiston, 2017.

14. Mirziyoyev Sh.M. Qonun ustuvorligi va inson manfaatlarini ta'minlash – yurt taraqqiyoti va xalq

farovonligining garovi. O'zbekiston Respublikasi Konstitutsiyasi qabul qilinganining 24 yilligiga bag'ishlangan tantanali marosimdagi ma'ruza. 2016 yil 7 dekabr. – Tashkent: O'zbekiston, 2017.
15. Mirziyoyev Sh.M. Kriticheskiy analiz, jestkaya dissiplina i personalnaya otvetstvennost doljni stat povsednevnoy normoy v deyatelnosti kajdogo rukovoditelya. Doklad na rasshirennom zasedanii Kabineta Ministrov, posvyashennom itogam sotsialno-ekonomicheskogo razvitiya strani v 2016 godu i vajneyshem prioritetnim napravleniyam ekonomicheskoy programmi na 2017 god. – Tashkent: O'zbekiston, 2017.
16. Mirziyoyev Sh. M. Mi vse vmeste postroim svobodnoye, demokraticheskoye i protsvetayusheye gosudarstvo Uzbekistan. Vistupleniye na torjestvennoy seremonii vstupleniya v doljnost Prezidenta Respubliki Uzbekistan na sovmestnom zasedanii palat Oliy Majlisa. – Tashkent: O'zbekiston, 2016.

IV.Maxsus adabiyotlar

17. Abalkin L. I. Zametki rossiyskom predprinimatelstve /Izbrannie trudi: V 4-x t. t. T. III //VEO Rossii. -M.: OAO «NPO Ekonomiki». - 2000. -365-436s. – 2007.
18. Abaturov V., Pugach G. i dr. Maliy i sredniy biznes v Uzbekistane: sovremennoye sostoyaniye, problemi i perspektivi // Ekonomicheskoye obozreniye. – Tashkent, 2000. – № 3. – S. 3-12
19. Abdullayev A.M. Some of the conceptual issues of state support of small business in Uzbekistan // Molodoy ucheniy. RF. Kazan, 2015. — №6.
20. Abdullayev Yo., Yuldashev Sh. Maliy biznes i predprinimatelstvo. – Tashkent: IQTISOD -MOLIYA, 2008.
21. Abdullayev A.M., Kurpayanidi K.I. Sotsialno-

ekonomicheskiye aspekti funksionirovaniya subyektov malogo predprinimatelstva v sisteme institutsionalnix preobrazovaniy// Noviy universitet. -2014. -№2. - S.55-60.

22. Abdullayev A. M. Sotsialno-ekonomicheskiye aspekti funksionirovaniya subyektov malogo predprinimatelstva v sisteme institutsionalnix preobrazovaniy //Uspexi sovremennogo yestestvoznaniya. – 2013. – №. 12.

23. Abduraxmanova G. K. Rol malogo biznesa v rinochnoy ekonomike //Nauka i praktika. - 2013. – №3 - S. 77.

24. Avtonomov V. Praktiki glazami teoretikov (fenomen predprinimatelstva v ekonomicheskoy teorii) //Predprinimatelstvo v Rossii.– 1997. – №. 4. – S. 5

25. Ageyev A. I. Predprinimatelstvo: problemi sobstvennosti i kulturi. – Federalnoye gosudarstvennoye unitarnoye predpriyatiye" Akademicheskiy nauchno-izdatelskiy, proizvodstvenno-poligraficheskiy i knigorasprostranitelskiy sentr" Nauka", 1991.

26. "Jahon iqtisodiy istiqbollari ma'lumotlar bazasi, 2019 yil aprel". IMF.org. Xalqaro valyuta fondi. Olingan 29 sentyabr 2019.

27. "Jahon bankining mamlakatlari va kredit guruhlari". datahelpdesk.worldbank.org. Jahon banki. Olingan 29 sentyabr 2019.

28. "Aholisi, jami - O'zbekiston". data.worldbank.org. Jahon banki. Olingan 18 fevral 2020.

29. "Jahon iqtisodiy istiqbollari ma'lumotlar bazasi, 2019 yil oktyabr". IMF.org. Xalqaro valyuta fondi. Olingan 16 noyabr 2019.

30. "Global iqtisodiy istiqbollar, iyun 2020". openknowledge.worldbank.org. Jahon banki. p. 80. Olingan 16 iyun 2020.

31. "MARKAZIY Osiyo :: O'ZBEKISTON". CIA.gov. Markaziy razvedka boshqarmasi. Olingan 10 fevral 2020.

32. "Qashshoqlik sonining kuniga 3,20 dollar miqdoridagi nisbati (2011 PPP) (aholining%) - O'zbekiston". data.worldbank.org. Jahon banki. Olingan 10 fevral 2020.

33. "Daromad Gini koeffitsienti". hdr.undp.org. BMTTD. Olingan 10 fevral 2020.

34. "Inson taraqqiyoti indeksi (HDI)". hdr.undp.org. HDRO (Inson taraqqiyoti bo'yicha hisobot idorasi) Birlashgan Millatlar Tashkilotining Taraqqiyot Dasturi. Olingan 11 dekabr 2019.

35. "Inson taraqqiyotining tengsizlikka qarab indekslari (IHDI)". hdr.undp.org. HDRO (Inson taraqqiyoti bo'yicha hisobot idorasi) Birlashgan Millatlar Tashkilotining Taraqqiyot Dasturi. Olingan 11 dekabr 2019.

36. "Ishchi kuchi, jami - O'zbekiston". data.worldbank.org. Jahon banki. Olingan 10 fevral 2020.

37. "Aholining ish bilan bandligi nisbati, 15+, jami (%) (milliy taxmin) - O'zbekiston". data.worldbank.org. Jahon banki. Olingan 10 fevral 2020.

38. "Ishsizlik, jami (ishchi kuchining%) (milliy hisob-kitob) - O'zbekiston". data.worldbank.org. Jahon banki. Olingan 18 fevral 2020.

39. "O'zbekistonda biznes yuritish qulayligi". Doingbusiness.org. Olingan 2017-11-24.

40. "O'zbekiston". Jahon Facebook. Markaziy razvedka boshqarmasi. Olingan 29 oktyabr 2019.

41. O'zbekiston Respublikasi Davlat statistika qo'mitasi 2006 (rus tilida)

42. 2010-2012 yillarda paxta ishlab chiqarish bo'yicha statistika, AQSh Qishloq xo'jaligi vazirligi, 2012 yil.

43. "Arxivlangan nusxa". Arxivlandi asl nusxasi 2010-06-11. Olingan 2015-03-03.

44. O'zbekiston Markaziy bankining ma'lumotlar bazasi Arxivlandi 2008-04-16 da Orqaga qaytish mashinasi, 2008 yil fevral

45. XVF Jahon iqtisodiy istiqbollari ma'lumotlar bazasi, 2007 yil oktyabr

46. Farg'ona.Ru Axborot agentligi, 2007 yil 24 oktyabr

47. "2009-2010 yillarda O'zbekiston YaIM prognozi". Arxivlandi asl nusxasi 2014-08-10. Olingan 2009-09-28.

48. Xalqaro inqiroz guruhi, O'zbekiston: turg'unlik va noaniqlik, Osiyo brifingi № 67, 2007 yil 22-avgust

49. AQSh Davlat departamenti, O'zbekiston haqida ma'lumot, 2007 yil mart

50. https://lex.uz/ru/docs/4545887

51. https://journals.tdl.org/fire/index.php/FIRE/article/view/211

52. XVF, O'zbekiston Respublikasi: So'nggi iqtisodiy o'zgarishlar, XVF xodimlarining mamlakat hisoboti 00/36, 2000 yil mart

53. EBRD o'tish davri to'g'risidagi hisobot 2007 yil

54. Kutmoqda, Duglas (2013 yil 23-dekabr). "O'zbekiston fermerlar uchun bank xizmatlari yaxshilanmoqda". CISTRAN moliya. Chikago, kasal. Olingan 3 yanvar, 2014.

55. XVF, O'zbekiston Respublikasi: Qashshoqlik strategiyasini qisqartirish to'g'risidagi hujjat, XVF mamlakat hisoboti 08/34, 2008 yil yanvar

56. O'zbekiston paxtasi: och bolalar qo'llari bilan yig'ilgan boylik 2007 yil 11 oktyabr (rus tilida)

57. INOGATE veb-sayti

58. EBRD Uzbekistan ma'lumotlar bazasi Arxivlandi 2008-10-12 da Orqaga qaytish mashinasi, 2007

59. "Fitch: O'zbekiston banklari barqaror makro muhitdan foyda olishmoqda". Markaziy Osiyo gazetasi. Satrapiya. 2012 yil 17-avgust. Olingan 17 avgust 2012.

60. Nuttal, Klar (28 Noyabr 2019) bitta Intellinews O'zbekistonning chakana savdo sohasidagi yangi kengayish va raqobat davri

61. Batmangheldj, Esfandyor. (12-sentabr, 2019 yil) Yevrosiyo investor. Chakana inqilob O'zbekistonga keladi

62. Chakana savdo: bozorga qisqacha sharh. Silk Capital Qabul qilingan 17 Noyabr 2020

63. Radojev, Xyu (2019 yil 30 oktyabr) chakana savdo haftaligi. Carrefour kompaniyasi O'zbekistonni kengaytirish rejalarini ochib beradi

64. Mamatqulov, Muxammadsharif (2020 yil 30 aprel) Reuters. Pandemiya an'anaviy o'zbek bozorlarini bo'shatganda, supermarketlar kirishadi

65. "O'zbekistonda turizm - telegraf". Olingan 20 fevral 2017.

66. "O'zbekistondagi Jahon merosi ob'ektlari". Olingan 20 fevral 2017.

67. "Tanlangan mamlakatlar va mavzular uchun

hisobot". Olingan 2018-09-08.

68. 44. "O'zbekiston Respublikasini 2009 yilning birinchi yarmida ijtimoiy-iqtisodiy rivojlantirish yakunlari to'g'risida". Arxivlandi asl nusxasi 2012-11-20. Olingan 2009-09-25.

69. Toʻxliyev N., Haqberdiyev Q., Ermamatov Sh., Xolmatov N. 0 'zbe- kiston iqtisodiyoti asoslari. - T.: « 0 'zME», 2018. - 280 b.

70. Vaxabov A.V., Tadjibayeva D.A., Xajibakiyev Sh.X. «Jahon iqtisodiyoti va xalqaro iqtisodiy munosabatlar». - T.: Baktria-press, 2019. - 548

71. Toʻxliyev N., Haqberdiyev Q., Ermamatov Sh., Xolmatov N. 0 'zbe- kiston iqtisodiyoti asoslari. - T.: « 0 'zME», 2018. - 280 b.

www.ingramcontent.com/pod-product-compliance
Lightning Source LLC
LaVergne TN
LVHW010226070526
838199LV00062B/4744